La Mujer De Su Casa

Concepción Arenal García De Carrasco

LA

MUJER DE SU CASA

POR

CONCEPCIÓN ARENAL

· PRECIO

UNA peseta 25 céntimos.

MADRID
GRAS Y COMPAÑÍA, EDITORES
HORTALEZA, 85, BAJO

1883

LA MUJER DE SU CASA

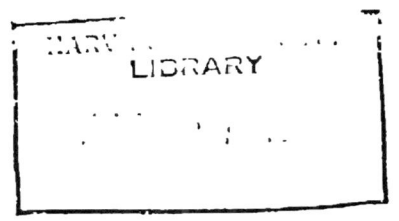

LA

MUJER DE SU CASA,

POR

CONCEPCION ARENAL

MADRID
GRAS Y COMPAÑIA, EDITORES
HORTALEZA, 65, BAJO
—
1883

ES PROPIEDAD

Imprenta de E. Rubiños, plaza de la Paja, 7, bis.

ÍNDICE

ADVERTENCIA

LA MUJER DEL PORVENIR se ha escrito de prisa, se ha impreso inmediatamente despues que se escribió, y se resiente de ambas cosas, segun hemos podido notar leyéndola ahora, es decir, á los trece años de su publicacion; nos parece que es, á lo que podía ser, lo que un boceto á un cuadro.

Como la fuerza nos va faltando; como un asunto despues que se trata, bien ó mal, pierde gran parte de su atractivo; como las cabezas cansadas, semejantes á los estómagos inapetentes, necesitan suplir en parte el apetito con el gusto, y no le hay (al ménos para nosotros) en rellenar, añadir, retocar, y, en fin, concluir una obra, la nuestra se quedará con los vacíos que tenia, ménos algunos que procuraremos llenar en el presente escrito, en que ademas indicamos ciertos puntos, respecto á los cuales hemos modificado nuestra opinion. La sinceridad con que escribimos siempre no nos permite sostener afirmaciones cuando hemos concebido dudas. Que otros se envanezcan con el título de infalibles; nosotros nos contentamos con el de honrados y sinceros.

I

IMPORTANCIA DE FORMARSE IDEA EXACTA DE LA PERFECCION

Parece que no hay daño mayor para la sociedad que aquel intencionado hecho por sus individuos malévolos, que, á sabiendas y deliberadamente, satisfacen la pasion y buscan el provecho ó el gusto propio, á costa del perjuicio y del dolor ajenos. Pero observando bien, llegamos á convencernos de que los grandes males son aquéllos que se hacen ignorando que lo son, que se consuman con tranquilidad de conciencia y que, en vez de vituperio, reciben aplauso de la opinion pública. Por cualquiera página que abramos el libro de la Historia, vemos que los pueblos sufren principalmente, no por los ataques de los malhechores, que las leyes condenan y la opinion anatematiza, sino por aquellos impunes ó aplaudidos que destrozan el cuerpo social con tranquilidad de conciencia y beneplácito de la comunidad. Así, por ejemplo, no es lo más grave que en ciertas épocas falte seguridad para las vidas y haciendas, sino que los bandidos se llamen y sean tenidos por caballeros; que se torturen y destrocen los miembros del acusado, sino que el tormento, sancionado por la justicia, parezca indispensable para realizarla; que se queme á los hombres vivos porque no piensan en todo como sus verdugos, sino que el *oficio* de éstos se llame *santo*, que sus manos, manchadas de sangre inocente, se besen con respeto, y que las sentencias absurdas, inícuas y crueles que salen de sus bocas impías, sean consideradas como oráculos de la divinidad. Y si de los pasados tiempos venimos á los presentes, no es lo más dañoso (con serlo mucho) que haya *nihilistas* incrédulos y piadosos, los unos que pretendan aniquilar toda autoridad, los otros que se aniquilen ellos mismos ante la autoridad; los unos que vean la perfeccion en la fiera, los otros en el cadáver; los unos que conmuevan el aire con las explosiones de la dinamita, los otros que le envenenen con emanaciones mefíticas; esto, con ser muy malo, no es lo peor; lo más grave, lo terrible, es que haya miles y millones de personas que crean que por estos medios se puede hacer la felicidad de la tierra, ó ganar el cielo, y que llamen perfeccion á la mutilacion.

Nos parece que no se puede estudiar bien el presente y el pasado, sin adquirir el convencimiento de que los grandes males de los pueblos vienen, ménos de las injusticias que persiguen, que de las que toleran, y sobre todo de las que ignoran.

Para que esta proposicion no parezca demasiado absoluta, hay que considerar dos cosas:

1.ª Que la verdad moral no surje repentinamen-

te, como una luz que hace desaparecer las tinieblas,
sino que se va infiltrando por el cuerpo social á tra·
ves de numerosos obstáculos; en la lentitud con que
marcha no se puede fijar en qué dia ni en qué año
fué contemplada y reconocida, y por esta incertidum-
bre de la intensidad y momento de su accion, es fácil incurrir en el error de no considerarla como cau-
sa·de todos sus efectos.

2.ª Que en el tiempo (más ó ménos, siempre
mucho), que la *idea* tarda en hacerse *opinion* y *ley*,
por impaciencia simpática, ó por hostilidad rencoro-
sa, es fácil pedirle lo que todavía no puede dar, ó
acusarla de los males que *demuestra* como si los
creara. Hay personas envueltas en densa oscuridad
que no les permite ver el cuadro de los dolores humanos, y cuando las tinieblas desaparecen y ya no
pueden negarlos, acusan á la luz de ser autora de
ellos.

Teniendo presentes estas dos circunstancias, y que
en todo pueblo que progresa hay

Una justicia que ignora,

Una justicia que entrevé,

Una justicia que ve claramente, pero que por los
muchos obstáculos que se oponen no puede aún
realizarse;

Una justicia que se realiza.

Reflexionando sobre todo esto, aparece clara la
verdad, de que los malhechores que la sociedad pena,
no son los que le hacen más daño, sino aquellos que
tolera ó aplaude por desconocimiento de la justicia,

ó por no tener de ella sino una idea confusa, ó carecer de fuerza para realizarla.

Si esto es cierto (para nosotros evidente), se comprende la importancia de los *ideales*, de que tanto se burlan los que califican de *ideólogos* á todo el que no llama definitivo á lo pasajero, absoluto á lo relativo, perfecto á lo acostumbrado, y justo á lo que es cómodo para los pocos y tolerado por los muchos.

El ideal es el modelo; cuando es deforme, las copias lo serán necesariamente, y no hay grande injusticia en la Historia que no tenga su filiacion en un error, en una idea, que calificó de malo ó de bueno lo que no lo era.

Ya sabemos que los *ideales* pueden ser sueños irrealizables, y lo son algunas veces; pero otras se califican así las *aspiraciones* más justas y más nobles, á que la pasion, el interes y la ignorancia oponen obstáculos poderosos, pero no insuperables, puesto que con el tiempo se han vencido unos, y en buena lógica debe suponerse que se vencerán otros.

¿Qué son muchos mártires venerados en los altares, ó cuya memoria, respetada y querida, vive en el corazon de los hombres justos y amantes, sino apóstoles de realidades que se tuvieron por sueños, de derechos que se llamaron atentados, de consuelos que eran temidos como dolores? No se necesita saber mucha historia ni reflexionar profundamente, para ser circunspectos al juzgar á los innovadores atrevidos, y convencerse de la importancia esencial de los ideales. Nótese que los auxiliares más poderosos

de los verdaderos soñadores son los que llaman así
á todo el que propone una innovacion radical, y. no
distinguen lo imposible de lo prematuro, ni lo absurdo de lo dificultoso. Si en vez del *anatema* se em-
pleara el *análisis*, se distinguiría lo cierto de lo falso, los reformadores de los charlatanes ó de los fa-
náticos, miéntras que, contra la reprobacion no ra-
zonada de un lado, reacciona el aplauso sin razon
de otro, y viendo que se combaten muchas cosas
buenas, se admiten como tales todas las que son
combatidas.

Si sucede así cuando se trata de reformar instituciones sociales, está más en relieve siempre que aparecen hostiles en primer término corporaciones, or-
ganismos, colectividades poderosas, que creen ame-
nazados sus intereses, sus pasiones ó sus vanidades,
y llevan al combate una persistencia, una organizacion y una disciplina que tardan en adquirir sus
adversarios. Diríase que este caso es el más desfavorable para el innovador; pero hay todavía otro que
le presenta mayores obstáculos, y es cuando sus
ideas de reforma se dirigen, no á los hombres, sino
á las mujeres. Entónces las dificultades crecen en
progresion imposible de apreciar por muchas causas, siendo las principales éstas:

Que el reformador tiene enfrente el ridículo ar-
mado de punta en blanco, temible para todos, y te-
mido por la mujer especialmente;

Que las mismas que intenta amparar ó proteger,
le miran como enemigo;

Que sus innovaciones se consideran por unos, y fingen considerarse por otros, como subversivos del órden moral, cuyos cimientos conmueven, intentando sacar á la mujer del círculo reducido y tranquilo del hogar doméstico, á una esfera mayor, cuya extension aumenta la de sus peligros y luchas.

Estos obstáculos son tan grandes todos, que el mayor parece aquel que se considera. ¿Quién no conoce el poder del ridículo? ¿Quién no ve la desventaja de un campeon hostilizado por los mismos que defiende? ¿Quién no se persuade de lo mucho que retrae de prestar auxilio directo ni indirecto á toda reforma ventajosa para la mujer, la sospecha, vaga unas veces, otras determinada, de que peligra la virtud de toda la que aspire á tener personalidad, y que, sin estar bajo la tutela del marido, sin ser eternamente menor, no puede hacer buena casada? La *emancipacion* de la mujer, ¿no se toma en mala parte? Podrá decirse que es porque no se fija bien el valor de las palabras, y aunque haya en esto algo ó mucho de cierto, tampoco cabe duda de que la confusion de las palabras corresponde á la de las ideas, y que á lo *poco* definido hay que añadir lo *mal* definido. Y siendo los hechos consecuencia de los sentimientos y de las ideas, sabiéndose que el hombre *obra* como *piensa* y *siente*, inevitable es que las leyes y las costumbres conviertan en injusticias los errores que como verdades se admiten respecto á lo que constituye la perfeccion de la mujer.

II

LA MUJER DE SU CASA CORRESPONDE Á UN IDEAL ERRÓNEO

En medio de las dudas, perplejidades y confusion, tan frecuentes en todo lo que á la mujer se refiere, lo más fijo, determinado y generalizado que se observa entre nosotros, es la idea de considerar como tipo de perfeccion femenina á la que es *buena mujer de su casa.*

En la bondad de ésta, como en todas las bondades, hay grados; nos fijaremos en el superior, en que está la mujer honesta, prudente, económica, trabajadora, cuidadosa del órden y aseo de la casa, inteligente en cuanto puede contribuir á que en la mesa haya la mayor variedad y regalo con los medios de que dispone, que el vestido y ajuar sea de lucimiento sin mucho coste; no dada á lujo excesivo ni á diversiones caras ó que la distraigan de sus deberes; esposa y madre amante, y, en fin, *que no piensa más que en su casa, en su marido y en sus hijos:* esta frase es el resúmen de sus perfecciones.

¿Vamos á negarlas? ¿Vamos á convertir en asunto de crítica un modo de ser, digno por tantos conceptos de aplauso? ¿Vamos á combatir con sus mismas armas á los que usan las del ridículo? ¿Vamos á dirigir cargos severos? Todo esto se halla tan léjos de la justicia como de nuestro pensamiento y de nuestro corazon, que ama, respeta, y no pocas veces admira á esas mujeres modestas en medio de tantas vanidades, puras en medio de una atmósfera corrompida, sufridas cuando por donde quiera ven impaciencias quejumbrosas; viviendo para los otros y de tal manera olvidadas de sí, que tienen como un hábito la abnegacion, y ni áun se aperciben de que su vida es una série de sacrificios. Por ellas hay familia; por ellas flota el arca santa en medio del oleaje contínuo y tempestuoso de tantas depravaciones; por ellas queda en la conciencia oscurecida de tantos hombres un punto luminoso; por ellas hay oásis para el corazon y la conciencia de muchos viajeros en los desiertos de la vida; en ellas encuentran amparo y consuelo los perseguidos de las iniquidades sociales. No quisiéramos que nadie nos aventajase, y creemos que ninguno nos aventaja, en reconocer, apreciar y ensalzar todo esto; pero si semejante modo de ser podía constituir el *ideal* de la perfeccion en el castillo feudal, de ningun modo en la casa del ciudadano de un pueblo moderno, que es ó tiene la pretension de ser libre, y que necesita libertad.

Cuando la sociedad estaba organizada para la guerra; cuando era omnipotente el imperio de la fuerza bruta, se comprende que la mujer no tuvie-

se mision social, que se limitase á la doméstica, que
el hogar fuera su mundo, y que no pasara el puente
levadizo sino para trocar las rejas de la fortaleza por
las del convento. Pero cuando los pueblos se organi-
zan para la paz; cuando empiezan á comprender que
necesitan vivir de trabajo y de justicia; cuando las
facilidades y las tentaciones del crímen y del vicio
establecen una corriente de inmoralidad que no le es
dado encauzar á la ley y necesita un dique de virtud y abnegacion que sólo pueden oponer los eleva-
dos afectos de la bondad ilustrada; cuando las
creencias religiosas se debilitan y tienden á convertirse en sentimientos; cuando los pueblos no esperan ni pueden esperar la salud sino de sí mismos,
del empleo racional y armónico de todas sus fuerzas (de todas), materiales, intelectuales y afectivas;
cuando se demuestra que ninguna fuerza se pierde
en el mundo de la materia, y no tardará en verse
que lo propio acontece con las del espíritu, y que
aquéllas que no tienen influencias armónicas, las
tendrán perturbadoras; cuando apénas puede desco-
nocerse que la mujer purifica ó vicia la atmósfera
que la rodea, y hágase lo que se haga, el círculo de
esa atmósfera se ensancha cada dia; en tales circunstancias, ¿quién asegurará, con conocimiento del
asunto, que la mujer de su casa no es un anacro-
nismo, ni que contribuye, como podía y debía, al
progreso de la humanidad? Su existencia es un bien
inapreciable, si se compara á la de las mujeres des-
ordenadas y livianas y á la de los hombres inmora-

les, pero es un mal si se considera lo que podía ser, y necesita que sea, todo pueblo que avance rápida y regularmente hácia la justicia. No desconocemos lo que vale y lo que sirve ese núcleo fuerte y sano de sentimientos puros y virtudes inquebrantables, sin el cual apénas se comprende la existencia de esta sociedad donde hay tanto corrompido y movedizo; pero tampoco se nos oculta cuán altas dotes se esterilizan ó se convierten en obstáculo de bienes que debían facilitar. En nuestra época agitada, creemos que sin mucha impropiedad podría compararse esta mujer excelente á un aparato que, en medio del mar tempestuoso, mantuviese la nave á flote, pero que no le permitiera andar. Claro está que esta regla, áun admitiendo que lo fuese, ha de tener excepciones, que nosotros reconocemos, sintiendo que no sean más numerosas.

¿Y á quién acusar de tan grave mal? ¿A las mujeres, ó á los hombres? Las mujeres sufren más que nadie las consecuencias del mal, á que contribuyen sin querer y sin saberlo, y del cual no tienen responsabilidad, porque no tienen idea. ¿Quién podría hacerles un cargo de que practiquen el deber como le comprenden, como no pueden ménos de comprenderle, máxime cuando así comprendido y practicado, si á veces estéril y áun perjudicial, es siempre dificultoso? En cuanto á los hombres, tampoco sería justo acusarlos precisamente cuando hacen más que han hecho nunca por la mujer, y exigirles el imposible de que pasen instantáneamente de las tinieblas á la luz, y marchen sin vacilar ni tropezar, ni volver nunca atras, por un intrincado laberinto, que de tal puede calificarse hoy, en España al ménos, esta *cuestion social.*

Cierto que no se considera así, ni se le da este nombre, pero tambien que no se suprime de la Sociedad por omitirla al enumerar sus grandes cuestiones, y los que no la incluyen entre ellas, se parecen á la Academia, que rechaza del Diccionario de la Lengua ciertas palabras que todo el mundo usa. No cabe duda, para quien reflexione, que la Cuestion Social de la mujer, si no formalmente como la del obrero, está esencialmente planteada, y que, como todas las cuestiones que se plantean en la sociedad, es preciso resolverla. ¿Cuándo? Los siglos la han planteado, los siglos la resolverán, y no será poca gloria para el nuestro haber dado hacia la solucion un paso, como todos los suyos, de gigante.

Comprendiendo la esencial lentitud y dificultades de la obra, y más en el terreno donde nos ha cabido en suerte trabajar, procuramos, segun nuestras mermadas fuerzas, contribuir á remover obstáculos, pero considerándolos como venidos de las cosas, sin que haya en nuestro ánimo nada parecido á queja acusadora ni crítica hostil. Pueda esta disposicion de ánimo comunicarse á las lectoras y á los lectores, y así como serán pocos en número, sean tan excelentes en calidad, que no consideren el asunto vitando, que piensen en él y le discutan con calma, porque de discutir se trata, y no de dogmatizar, y que no tengan por ofensivo lo que les parezca erróneo, reconociendo que los errores se rectifican y se demuestran, no se acusan y se anatematizan, máxime si se incurre en ellos con tan buena fe y voluntad como tenemos al escribir este libro.

La mujer de su casa es un ideal erróneo, hemos dicho; señala el bien donde no está; corresponde á un concepto equivocado de la perfeccion, que es para todos progreso, y que se pretende sea para ella inmovilidad.

Hay dos hechos culminantes, imposibles de desconocer, á poco que se reflexione y se ame la verdad, son estos:

La mujer *tiene* grande influencia social.

La mujer *no tiene* virtudes sociales.

Sobre lo primero, no es necesario insistir mucho. Como hija, como madre, como esposa, como amante, segun que es ó no honrada, todo el mundo reconoce su influencia en la moral; y como un pueblo es y vale lo que son y valen su moralidad y sus costumbres, de ahí que nadie niegue cuánto contribuyen las mujeres al bien ó al mal de la sociedad en que viven. Generalmente, este mal ó este bien no se considera sino en la esfera de moral, y áun allí de un modo imperfecto, pero su influencia se extiende á todas; en la religiosa está muy de bulto, y cuando toma parte activa en la política, la convierte en pasion y fanatiza á los hombres. Los montañeses de La Vendée, los de las Provincias Vascongadas y Navarra, los insurrectos de Cuba, ¿no recibieron poderoso impulso, á veces decisivo, de las mujeres? ¿Cuánto no animaron á la resistencia y al combate, y áun pelearon ellas mismas, en nuestra guerra de la Independencia? Y si aparecen fanáticas, pero honradas, en las grandes luchas ¿no se las ve tomar parte en los sangrientos motines? ¿Hay uno solo sin alguna de estas furias, que excitan al pillaje y á la matanza? Se dirá que éstas no son mujeres de su casa; pero sobre que pueden haberlo sido alguna vez, y aunque no lo fuesen nunca, su influencia execrable, por lo mismo que dan asco y horror, no es tan perjudicial como el fanatismo religioso y político de las mujeres respetables que influyen en los hombres honrados. En estas crísis se aprecia mejor el poder del elemento femenino; pero si ménos ostensible, no es ménos positivo en las circunstancias normales de las naciones modernas. Los cultos, en especial el católico, ¿dónde se apoyan principalmente sino en las mujeres? Y dado este hecho bien sabido, y lo que es la religion para toda sociedad, aunque nada más que en la esfera religiosa tuviese la mujer influencia, ésta sería grande. Pero la tiene directamente en otras esferas, indirectamente en todas, y siempre poderosa, porque apénas hay hombre que desde que nace hasta que muere, no esté influido más ó ménos por alguna mujer. No sólo los que se venden, los que se arruinan, los que se extravían de mil modos, testifican esta verdad, sino aquella masa mayor por su número, y sobre todo por su peso, de los que ceden indebidamente, que se retraen del bien, que cortan el vuelo á nobles aspiraciones, que decaen por falta de apoyo, ó que, en fin, se rebajan porque una fuerza invisible ó impalpable los llama hacia el suelo cuando sienten impulsos de subir á más altas regiones.

Si se pudieran pesar ó medir las cosas del espíritu como las materiales, se vería claramente, que los hombres tomados en masa, como se dice, por grandes colectividades queremos decir, en la *medida* que *rebajan* á las mujeres, *son rebajados* por ellas, material, moral é intelectualmente; que es trino y uno tambien el hombre cuando se trata de apreciarle en la totalidad de su vida. Si el americano no hubiese elevado (al ménos relativamente), á la mujer, ella no habría podido *hacer la América*, como se ha dicho.

Las divisiones formuladas en el papel para mayor claridad, no corresponden siempre con exactitud á las que tienen los asuntos que se estudian, por ser grande el enlace y entrecruzamiento de las partes de que se componen. Tal nos acontece con los dos hechos arriba indicados, que se deslindan al parecer, y luégo se confunden. En efecto; llega un punto en que el análisis de la influencia social de la mujer y su falta de virtudes sociales no pueden separarse, como vamos á ver.

Antes de considerarla con más detenimiento, responderemos á una observacion fácil de prever, y es esta: *si la mujer carece en España de virtudes sociales, tampoco las tiene el hombre.* Mucho hay, por desgracia, de verdad en la afirmacion; pero sobre que no es cierta en absoluto; sobre que hay hombres que hacen algo, algunos que hacen mucho en favor de la sociedad, *por virtud*, es decir, sin que la ley los obligue, ni los mueva ningun personal interés; sobre que el número de estos hombres, aunque no es el que debiera, es mayor de lo que á primera vista parece, por ser ley del bien, como armónico con todo órden deseable, pasar muchas veces desapercibido; sobre que los servicios gratuitos, espontáneos y desinteresados que á la sociedad prestan, aunque léjos de ser los que ella necesita y podían prestarle, todavía, si le faltasen, se produciría un trastorno moral y hasta material muy perceptible; además de todo esto, por aquella ley (que tal nos parece), de que el hombre es rebajado por la mujer, en la medida que la rebaja, la limitacion que él pone á los generosos impulsos de su compañera sirve de traba á los suyos. Así, pues, aunque muchos individuos ¿quién sabe si los más? son comerciantes, empleados, médicos, abogados, arquitectos, ingenieros, farmacéuticos, etc., etc.; pero en el sentido *humano* de la palabra no puede decirse que son *hombres*, porque no tienen con la sociedad más relaciones que *lucrativas* y *negativas*, *no* hacer lo que la ley prohibe, *sí* hacer lo que produce ganancia; todavía el hombre aventaja entre nosotros á la mujer respecto á virtudes sociales, mermadas muchas veces por la mala influencia de ella.

Entremos en una casa bien gobernada y bastante influida por la señora, y veremos que el hogar es un centro de abnegacion y un núcleo de egoismo. No se apresure el lector á decirnos que empleamos palabras contradictorias y frases extrañas para hacer efecto á costa de la exactitud; poca observacion se necesita para convencerse de que la misma persona que en casa se desvive por sus hijos, por su marido, por sus padres, fuera de ella nada hace; cree que las necesidades sociales no son de su incumbencia, y su mision se reduce á las de la familia. Así se lo han dicho de niña, de jóven y de mujer; así se lo repiten, áun aquellos que abogan por que se instruya, por que se eleve, por que tenga más derechos. Es raro que para favorecer su causa, aleguen otros motivos que la necesidad ó la conveniencia de que se ilustre, para que pueda ser verdadera compañera del hombre y educadora de sus hijos; razones seguramente muy poderosas, pero que no extienden su esfera de accion directa fuera del hogar doméstico, ni le hacen comprender que su influencia deba ir más allá. ¿Cómo, pues, tendrá virtudes de que ni áun ha podido formar idea? Carece de ellas sin culpa, por ser caso de ignorancia invencible.

Las cuestiones sociales, ni las entiende, ni suele saberlas, ni le interesan; y cuando el mal es tan grave que no puede ocultársele, llegan los ayes á sus oidos, más bien que la dolencia que los produce á su conocimiento, y propende á mirarla como resultado inevitable del encadenamiento de las cosas, ó como falta de las personas; es el terremoto ó la culpa; la fatalidad á que es preciso someterse, ó el delito que se debe castigar; todo sin perjuicio de compadecer los dolores en la medida de su sensibilidad. Pero esta compasion, sin ser una farsa, tiene algo de teatral; quien la siente es mera espectadora, y no puede intervenir en el curso del drama, ni en el modo de representarlo, ni en el desenlace, de manera que si por excepcion asiste al espectáculo, cuando más, aplaude ó llora; es todo lo que hace y todo lo que puede hacer.

En tal estado del ánimo, ni el entendimiento ni la voluntad la impulsan á cooperar eficaz y directamente á la obra social, y no sólo no trabaja en ella, sino que, en vez de animar retrae, á su marido, á sus hijos, á su padre, á sus hermanos, y contribuye á entibiar su celo por el bien público. La mujer de su casa, que vive sólo en ella y para ella, no entiende ni le interesa nada de lo que pasa fuera, y juzga imprudencia, absurdo, quijotismo, disparate, tontería, segun los casos, el trabajo, los desvelos y los sacrificios que por la obra social está dispuesto á hacer el padre, el esposo ó el hijo. Ellos no deben ser sino para los suyos, para su hogar, porque cuando allí falte algo, no han de venir los de afuera á traer la tranquilidad, el dinero ó la salud que se perdió trabajando inútil ó neciamente por los que no lo merecen ó no lo necesitan. Si hay alborotadores, que los repriman los soldados; si delincuentes, que los castiguen los jueces; si ignorantes, que los enseñen los maestros. ¿A qué buscarse quebraderos de cabeza, y tener en ella planes de cosas innecesarias ó imposibles? El hombre á su oficina, á su cátedra, á su despacho, á su escritorio ó á su paseo si no hace nada, y á su casa y á su familia, sin andar buscando gastos y compromisos. ¿A qué estarse hasta las tantas de la noche, ó venir tarde á comer, ó no poder ir á tomar el sol ó el fresco, ó al teatro, ó á visitas indispensables? ¿A qué fastidiarse y matarse por cosas que no son obligatorias ni producen honra ni provecho? ¿Por qué Pepe no ha de imitar á Manolo, á Paco, á Perico, que están tranquilos y descansados en su casa, sin empeñarse en gobernar el mundo que, hagan lo que hagan, ha de rodar como hasta aquí? Y ¿quién sabe si le ponen peor con esas innovaciones que dan tanto que hacer al que las intenta y son de tan poco provecho para aquellos en cuyo beneficio se hacen, si acaso no resultan ser daño para todos, como afirman personas muy sensatas?

Estos ó parecidos y equivalentes razonamientos se hace la mujer para persuadir á los suyos *que no se sacrifiquen por lo que no les importa*; y cuanto más los ama, con más empeño los disuade de aquellas obras en que no ve deber ni provecho, sino imprudencia y daño. El lector habrá visto alguna vez una escena que pasa con frecuencia en la vía pública. Un hombre maltrata á una mujer, á un niño, á otro hombre; un agente de la autoridad abusa de ella y del arma que lleva contra un pobre diablo á quien golpea; con dos señoras, pasa un caballero, es decir, una persona bien vestida, que, no obstante, es todavía hombre, y se indigna al ver un infame abuso de la fuerza, y va á emplear la suya para evitarle; pero las mujeres le cogen una por cada lado, se apuran, se afligen, le dicen que se comprometerá, que tendrá que ver con la justicia, que se perderá; que se acuerde de sus hijos, con otras mil cosas que exponen al compás de los esfuerzos que hacen para llevarle léjos del que necesita apoyo, y del que necesita freno, y se le llevan. Este cuadro da una idea del papel que con frecuencia representa la mujer en la sociedad cuando las virtudes del hombre salen del hogar y de la familia.

Si semejante disposicion es grave respecto al padre, al marido, al hermano, lo es mucho más cuando se trata de los hijos. El amor de madre, tan puro y tan sublime á veces, como tiene tanto de apasionado y de instintivo, si no se ilumina mucho por la razon y se contiene muchísimo por la idea del deber, es un poderoso elemento de desórden moral y de injusticia. Esta empieza porque la madre exagera todas las buenas cualidades de su hijo y atenúa sus defectos, si acaso no los desconoce completamente, con lo cual ya parte de que merece mucho más de lo que en razon le es debido. Luégo, la madre quiere que su hijo sea dichoso, necesita que no sufra, porque sus dolores le duelen de un modo intolerable, y para lograr su bien y evitar su mal, como ella está dispuesta á sacrificarse, tambien propende á sacrificar á los otros. Tal egoismo (que bien puede llamarse así, porque la persona que le siente se identifica con aquella en cuyo beneficio se ejerce); este egoismo, no deja de ser ciego y duro, como todos; ademas, como parte de la abnegacion, se cree legítimo y hasta meritorio, y es atrevido, insolente, sin parecer cínico. ¿Quién no recuerda injusticias de mujeres honradas porque se trataba de lograr el bien ó de evitar el mal de un hijo?

¿Pretendemos, por ventura, que la madre sea juez severo del hijo, y que no quiera ni procure para él sino estricta justicia? No, ciertamente. Que el hombre, en todas las circunstancias de la vida, áun culpado, hasta criminal, vea la infinita misericordia de Dios en el amor de su madre; que se le aparezca inalterable y puro en las mayores abyecciones y borrascas de la vida; que cuando dude de todo, tenga fe en él, y haya siempre quien llore sus dolores, sin preguntar si son ó no merecidos. La madre ideal no se nos aparece con balanza, sino con bálsamo; ya sabemos cuántos niños no llegarían á hombres si sus madres les dieran nada más de lo que merecen.

Comprendiendo, pues, cuanto hay de sublime, de útil, y áun de necesario, de fisiológico, por decirlo así, en la incondicionalidad del amor maternal, debemos comprender que, como todo lo que sale de la razon, es subversivo de la justicia, y que si no es posible reducirle á ella, debe limitarse cuanto fuere dado su accion perturbadora. En el estado intelectual y moral de la mujer de su casa, hoy sería inútil intentar esta limitacion, porque la carencia de relaciones y de virtudes sociales afloja los lazos con la sociedad, y *refuerza* el sentimiento y el instinto que se debía debilitar. Una esfera más ámplia de accion para la inteligencia y para el sentimiento; un punto de vista más elevado; principios bien fijos y bien sólidos de justicia, modificarían indudablemente las ideas y los procederes de la madre, que no lo creería todo bueno y permitido, si del provecho (como ella lo entiende) de su hijo se tratara. El hombre, cuando no está arrastrado por alguna pasion, es lo que es su idea; áun en este caso, el elemento intelectual influye mucho, y á esta influencia no había de sustraerse totalmente la madre, por apasionada que la supongamos. Una mujer bien educada, moral é intelectualmente, ha de reconocer que no tiene derecho á convertir su abnegacion en sacrificio de los demas.

En casos extremos, ¿no será inútil todo razonamiento? Es posible; pero esas situaciones son raras, y lo que perturba el órden moral no es una grande infraccion que acontece rara vez, sino las más pequeñas y continuadas; el mal que deploramos no está en lo que puede hacer la madre cuando se trata de la vida ó de la honra de su hijo, sino de lo que hace con frecuencia cuando está de por medio su provecho, su gusto ó su capricho. Aun reconociendo lo que pudiéramos llamar casos de fuerza mayor instintiva y efectiva, queda vasto campo á la voluntad recta é ilustrada para servir de dique á las torcidas corrientes del afecto. Pero la madre que, cuando se trata de las relaciones sociales de su hijo, necesita tantos y tan fuertes modificadores, tiene pocos y débiles, ó ninguno. Concentrada en el hogar, ideas, afectos, deberes, todo lo refiere á él; su tendencia es, á juzgar que el hijo hace siempre demasiado por la sociedad, por los extraños, y que éstos hacen siempre demasiado poco por él. Este modo de ver, predicado constantemente, inoculado con el cariño, no puede dejar de influir en el hijo si, como es de temer, en la mayor parte de los casos el egoismo y el amor propio le predisponen á exagerar sus méritos y sus derechos, y preocuparse poco de sus defectos y de sus deberes, siendo entónces terreno apropiado para que germine la semilla de injusticia que el amor ciego y la ignorancia de su madre han arrojado en su corazon. El que la mira con respeto, el que tal vez la califica de santa, ¿puede sospechar que le incline al mal?

Ella, por otra parte, ejerce esta mala influencia sin saberlo y fatalmente; emparedado su espíritu, sin conocimiento de las relaciones que hay entre el bien de su casa y el bien público, ignora que el problema consiste en armonizarlos, y no en procurar que se aislen, lo cual, sobre ser imposible, los pone en el caso de que se hostilicen. Añádase que la mujer, cuando comprende ó siente la poca justicia con que es tratada por las leyes, la opiniou y las costumbres, no se ha de hallar muy dispuesta á sacrificar, ni á molestar siquiera, al hijo de sus entrañas por una sociedad tan injusta: aunque no lo formule así, suele obrar como si lo formulara; instintivamente se halla mal dispuesta respecto á una organizacion social que le es tan desfavorable.

Cuando la mujer, saliendo de la esfera doméstica, se preocupa de la cosa pública, es á impulsos del fanatismo político ó religioso; no tiene medio entre ser indiferente ó apasionada, y suele dar tal giro á la abnegacion de los suyos, que hace ménos daño predicándoles el egoismo. Ni puede ser otra cosa. Ignorante de las leyes que rigen el pensamiento y los afectos; ajena á la gestion de los intereses públicos; desconocedora de la organizacion política, de los elementos de la sociedad, del bien de que se armonicen, del mal de que choquen entre sí, no ve de los problemas sociales ó religiosos más que una parte (á veces muy pequeña), que toma por el todo, y á la cual sacrifica y quiere que sacrifiquen los otros cuanto hay que sacrificar.

Dícese que tal vehemencia es efecto de su mucha impresionabilidad; algo podrá influir, pero la causa principal es que, quien no tiene más que una idea, es dominado por ella, y cuando no se ve más que un elemento en cuestiones muy complejas, no puede haber exactitud en los raciocinios, ni cordura en los procederes. Por eso, si el retraimiento social de la mujer es deplorable, hace todavía más daño cuando sale de él sin saber nada de las cuestiones en que influye.

Al indicar cómo la mujer, limitada á la esfera del

hogar doméstico, entibia las virtudes sociales del hombre y le retrae del público bien, hemos considerado el caso ménos desfavorable, es decir, la mujer de su casa más perfecta. Como un gran número, el mayor, estará por debajo de este nivel, aumentará en proporcion la perjudicial influencia que ejerzan; así puede observarse muy á menudo, en mujeres que aconsejan á sus maridos é hijos acciones reprobables, que no se lo parecen, cegadas por el sentimiento egoista del provecho de la familia, único de que se ocupan, comprenden y desean, y al cual están dispuestas á sacrificar dignidad, delicadeza, y hasta el honor. Se dirá que hay muchos hombres que hacen lo mismo, es cierto; pero son personas decididamente inmorales, miéntras mujeres honestas y honradas, por no comprender bien la moral en cuanto traspasan los umbrales de la casa, sin ser malas, aconsejan el mal, y sin ser viles impulsan hacia hechos indignos. Tratándose de virtudes y de relaciones sociales, á igualdad de moralidad, y por regla general, la mujer tiene ménos delicadeza y escrúpulos que el hombre. No es culpa suya, y este hecho, completamente artificial y obra de preocupaciones y errores, tiene consecuencias gravísimas, aunque poco aparentes, y asemeja á esas filtraciones que no hacen ruido y socavan los edificios.

Si consideramos á la mujer de su casa, no por la influencia que ejerce en la familia, sino por lo que es ella misma respecto á la sociedad, veremos que su retraimiento deja un vacío imposible de llenar.

Las asociaciones para combatir la miseria, la ignorancia, la inmoralidad, no pueden contar con su cooperacion; si es muy compasiva da algun dinero,
pero su trabajo personal, que es tan indispensable,
que no puede suplirse, le rehusa, porque ella tiene
bastante que hacer en su casa; no reconoce que tenga ningun deber fuera de ella, ni le parece mal que
su marido le *prohiba pertenecer á ninguna asociacion*, como dicen muchas que no son tan dóciles respecto á otras prohibiciones maritales más razonables. Decimos que da algun dinero, si es compasiva;
pero necesita serlo mucho, porque no tiene idea de
la importancia de aquellas buenas obras, á que no
coopera; los dolores que no se ven ni se conocen,
duelen poco. Hay una manera deplorable y frecuente de disculparse de no hacer bien, y es censurar á
los que lo hacen. No es raro que la mujer de su casa
censure á las que salen de ella para trabajar activa
y eficazmente en una obra benéfica; las acusa de ca-
llejear y dejar sus asuntos por atender á los ajenos,
y se cree muy superior á ellas, aunque esté muy por
debajo. De modo que no sólo retrae á los suyos y á
sí propia de las obras benéficas, sino que contribuye
á arrojar sobre ellas el descrédito de ser llevadas á
cabo por personas que no tienen toda aquella prudencia y recogimiento que conviene á una señora.
Que se lean novelas indecentes, folletines asquero-
sos; que se vean comedias y dramas inmorales, y
hasta obscenos, en esto parece que no hay mal para
una mujer, ó para una jóven; al ménos no se trata

de evitarlo, pero ¡qué de peligros no se preveen al entrar en una casa de vecindad, donde pueden oirse algunas palabras mal sonantes, ó en ir á la cárcel donde hay mujeres perversas! Como si el peligro para la virtud estuviese en ver el vicio pobre y repugnante; el delito castigado, escarnecido ó infeliz, y no en mirarle esplendente, engalanado, aplaudido, y pudiera decirse honrado y dichoso, si en las esferas en que se paga, se cobra. y se festeja, pudiera haber honra, ni áun mentida, ni felicidad más que aparente.

La virtud de una mujer ó de una jóven se fortalece yendo á visitar á una pobre ó una presa, y decae con el ejemplo y el trato de mujeres que son á la vez, asunto de justa severa censura y de secreta envidia. Peores lecciones se reciben en la Castellana, el Parque de Madrid y el teatro Real, que en la casa de Tócame Roque y en la Cárcel de mujeres.

Esto, que es evidente para el que observa desde un punto algo elevado, no le ve la mujer en su reducido círculo, donde juzga las cosas más por su nombre que por su esencia, y á las personas por lo que parecen y pueden. Aprecia las conveniencias por las costumbres, y para someterse á los fallos del *qué dirán*, cuenta los votos, pero no pesa ni puede pesar las razones de los que *dicen*. Así la opinion extraviada, como la bola de nieve, aumenta su fuerza con los débiles que arrastra; cada mujer que se somete dócil á lo que no es razon, contribuye activamente al desatino, y despues de haber retraido á los suyos y retraerse de toda obra que al público bien se refiera, aparta de él á los otros con su crítica y con su ejemplo.

¿Y es éste el ideal á que debe aspirarse? Al que no responda, desde luégo, resuelta y negativamente, le daremos nuevas razones en las sucesivas partes de este escrito; son tantas las que demuestran que si la mujer de su casa pudo ser un tipo de perfeccion en otros siglos, no lo es en el nuestro, que sólo por falta de reflexion parece posible desconocer esta verdad.

III

NECESIDAD QUE HAY DE QUE TODOS COOPEREN Á LA OBRA SOCIAL

No es raro ver entre nosotros que el mismo hombre político que aboga calurosamente por el *self-government*, carece de virtudes sociales, y es acaso de los que prohiben á su mujer que forme parte de ninguna asociacion. Sin duda, no echa de ver que quien *se ha de gobernar á sí mismo*, hombre ó pueblo, necesita ser *activo, razonable y bueno* en cierta medida, y que si no llega al mínimum indispensable, viene el látigo con puño de marfil ó de hierro, y los tutores con éste ó el otro nombre, á dar consejos interesados y protecciones opresoras.

No se necesita una observacion muy detenida para notar que los pueblos, á medida que más se gobiernan á sí mismos, hacen por sí mayor y más importante número de cosas, habiendo muchas que no pueden hacerse bien por delegacion, sino directa y personalmente. Cuando así no sucede; cuando miles y millones de personas no toman parte activa en la obra social, ignoran lo que pasa en la sociedad, y no sólo falta la cooperacion material del público, que

ya es faltar mucho, sino, lo que todavía es más grave, falta la *opinion pública*, y se carece unas veces de
apoyo, otras de estímulo ó de freno, siempre de un
elemento indispensable. Para la mayor parte de las
cosas importantes que constituyen la prosperidad y
el progreso de los pueblos modernos, no puede haber *opinion pública* cuando falta *accion pública;*
no entendemos por opinion el ruido que hacen al
hablar unas cuantas personas que no se oyen sino
por el silencio de los más; que no tienen idea exacta del asunto que tratan, considerado generalmente
por ellos, no como *objeto,* sino como *medio,* ni de
los hechos que procuran manipular de modo que
sirvan de argumentos. Cuando se oyen ciertos discursos ó se leen ciertos libros de los amigos del pueblo y de los que le son hostiles, al considerar las
cosas que afirman y que niegan, lo que esperan y
lo que temen, ocurre la idea de que ni unos ni otros
deben conocerle, porque de otro modo no dirían de
él ni tanto bien ni tanto mal.

Y como sucede en las cuestiones políticas, acontece en las sociales; solamente que en éstas la opinion se extravía, se debilita, se hace más imposible,
separándose de la accion.

No son teorías, sino declamaciones, las que se
apartan de la experiencia y de la práctica de la sociedad, cuyos vicios no enfrenarán ciertamente los
que carecen de virtudes sociales, aunque pongan
una cárcel en cada calle, un soldado en cada esqui-
na y un tribunal ó una tribuna en cada casa. No

constituyen, no pueden constituir opinion verdadera ese número mayor ó menor, siempre corto, respecto á la totalidad, de los que dan su parecer sin
ser peritos, y cuyas formas correctas no impiden que
en el fondo sean curanderos sociales.

La falta de opinion pública y de accion pública en
España, da facilidades á los abusos, opone obstáculos á todo género de benéficas innovaciones, de modo
que las reformas intentadas se parecen muchas veces á edificios construidos bajo un plan bueno, pero
con materiales malos. El que no considere más que
nuestros Códigos, supondrá que somos un pueblo
que marcha rápidamente por el camino del progreso,
porque áun cuando la legislacion diste mucho de
ser perfecta, tampoco lo son las de los pueblos más
cultos, y por la comparacion de sus leyes con las
nuestras no se puede venir en conocimiento de
nuestra inferioridad real. Depende ésta de la falta
(relativa) de tres actividades:

Actividad intelectual.

Actividad económica.

Actividad moral en todo lo que al bien público se
refiere.

Pensamos y sabemos poco; trabajamos poco y
mal, y miramos las obras que son en beneficio de
todos como si no interesaran á ninguno. La índole
de nuestro trabajo no nos permite hacernos cargo
más que de esta última circunstancia, que bastaría
por sí sola para que no pudiésemos ponernos al nivel de las grandes naciones. Si del estudio de las le-

yes pasamos al de aquellas instituciones que viven, no en virtud de mandato legal, sino por la buena y libre voluntad de los que forman parte de ellas; si consideramos la inmensa suma de bien que se realiza en otros países por miles y millones de personas que espontáneamente contribuyen á él con su trabajo, con su dinero, con grandes sacrificios á veces; si notamos que no es posible que el Gobierno, ningun Gobierno, ni el Estado en ninguna de sus esferas, ni la legislacion más completa y sabia vivifique á un pueblo cuando los legislados son masa pasiva, ciudadanos mecánicos, que no hacen otros movimientos que el que les imprime el resorte legal; si comparamos lo que en esta línea hay en otros países y en el nuestro, aparece la verdad evidente y dolorosa, y la explicacion clara de nuestra inferioridad.

No somos de los que han perdido el juicio y quieren suprimir el Gobierno; pero vemos que no puede hacer sino la menor parte de la obra social, y que áun para aquélla que le incumbe, necesita el concurso eficaz, activo (no exigible legalmente, pero debido moralmente), de los gobernados. La grande obra de un pueblo, la obra moral, sólo él puede hacerla hoy, y cuando no la hace, inútiles son las leyes, y los decretos, y las instituciones políticas, que se cambian como el cuño de una moneda falsa.

La guerra al dolor, al vicio, al crímen, á todas las miserias físicas, morales é intelectuales, como todas las guerras, puede proclamarla el Gobierno, pero el pueblo es el que la hace. Impedir que los ayes se

conviertan en gritos de desesperacion; que el dolor
sin consuelo acuse; que el débil caiga; que el ignorante yerre; que el obcecado se extravíe; que el apasionado se precipite en uno de tantos abismos como
le rodean; dar la mano al caido para que se levante;
sostenerle para que no vuelva á caer; difundir la luz
de las ideas; extender el poder de la conciencia; der-
ramar el bálsamo del amor en esos antros sociales,
donde hay oscuridades tan densas, desfallecimientos
tan congojosos, amarguras tan punzantes; todo esto·
es preciso hacer, y el Gobierno sólo puede contribuir
algo, no mucho, á la obra.

Para que los establecimientos de Beneficencia no
parezca que se llaman así por una especie de burla
de los míseros que en ellos reciben tanto mal;

Para que las casas de locos no sean escándalo y
dolor de los que tienen corazon y conciencia;

Para que los niños, unos se hacinen en escuelas
donde pierdan en salud más que ganan en conocimientos; otros no tengan escuela á donde ir, ó no
vayan á ella y vaguen por las calles y por los cam-
pos, iniciándose en los juegos de azar y en el robo
con pequeños hurtos;

Para que se aprenda lo que conviene saber, y los
conocimientos no constituyan con frecuencia un elemento perturbador, por la aglomeracion en las pro-
fesiones ménos necesarias;

Para que el infeliz que pide una limosna por necesidad no sea perseguido como un criminal, y el
mendigo vicioso no viva á costa de la caridad ciega,

él, la mujer que degrada, los hijos que envilece, y cuyo porvenir está en la ignominiosa existencia de su padre, en la casa de Beneficencia, de prostitucion ó en presidio;

Para que las prisiones sean auxiliares del derecho, y no escarnio de la justicia;

Para que los presos no se *pudran* en las cárceles, los penados no se corrompan en las penitenciarías, y unos y otros hallen el dia de la libertad quien les dé la mano y los sostenga en el buen propósito, ó los aparte de la tentacion;

Para que los huérfanos, moralmente, aquéllos que no tienen padres más que para el mal trato y el mal ejemplo, hallen proteccion, guía y consuelo;

Para que los que por cualquier motivo, en la niñez ó en la juventud se han extraviado, hallen quien les vuelva al buen camino, con autoridad tutelar y procederes benéficos, libertándolos de la ignominia que lleva consigo la justicia penal;

Para que se difunda la instruccion y la educacion, y tengan escuela moral é industrial los chicos de la calle, que, segun la experiencia lo demuestra, pueden convertirse en hombres honrados, en vez de ser malhechores, como serán si se les abandona;

Para que las niñas y las jóvenes encuentren apoyo contra la ignorancia, la miseria, la pereza, el mal ejemplo y tantas fuerzas, en fin, como las empujan á la prostitucion en todos sus grados;

Para que se alce una enérgica protesta contra esos reglamentos llamados (al parecer por burla) de *Hi-*

giene, que, con pretexto ó fin (ilusorio) de la salud del cuerpo, atentan á la del alma, y convierten la guarida que debía perseguirse del vicio, en fortaleza que la ley guarda, y donde las víctimas no pueden esperar amparo ni los verdugos temer castigo;

Para que la mujer no encuentre cerrados casi todos los caminos cuando quiere trabajar, y abierto siempre el de la perdicion, y el precio de su trabajo sea equitativo y no irrisorio;

Para que esa multitud de jóvenes dedicadas al servicio doméstico no se lancen sin guía, ni apoyo, ni freno, del hogar paterno á las tempestades del mundo, donde las más veces naufragan;

Para que la caridad pase de instinto á sentimiento, y razone y no arroje ciegamente la limosna que mantiene al vicioso, ó el dón, que, en vez de ser lenitivo de dolores y socorro de grandes necesidades, se detiene en manos perezosas ó rapaces, siempre impías, que, en vez de distribuirle, escarmientan la generosidad de los compasivos, justifican la dureza de los egoistas y deshonran la patria que los tolera, y, lo que es aún más incomprensible y vergonzoso, los obedece cuando mandan;

Para que las leyes inícuas no pasen sin protesta y las buenas sin cumplimiento;

Para que los débiles no sean abrumados con la maza que mete ruido, ó con el tornillo que oprime calladamente;

Para todo esto, se necesita que las fuerzas vivas de la sociedad cooperen con perseverante eficacia;

que el ojo de la opinion penetre donde quiera, y su brazo sostenga toda justa demanda y toda benéfica empresa. Con tal altos fines, hay en otros países muchos miles de personas que emplean muchos millones y mucha inteligencia y mucho trabajo, sin coaccion legal, animadas del deseo del público bien, convencidas de que en él está contenido el suyo propio.

Se dirá que en España tambien existen asociaciones bienhechoras; pero sobre que faltan para un gran número de objetos esenciales, las que hay, por sus reducidas proporciones y escasos medios, sirven más bien para indicar la necesidad que para satisfacerla; semejantes á luz débil y lejana que en noche oscura y tierra fragosa indica la direccion, pero no alumbra el camino.

Cuando se compara el bien que se realiza y el mal que se evita espontáneamente en otros países, sin que la ley intervenga, á la indiferencia con que en España se deja pasar el mal, y se deja de hacer el bien; cuando se estudia y se admira la organizacion de tantas empresas benéficas que no tienen iguales ni análogas entre nosotros; cuando oimos calificar de imposible lo que se realiza en otras partes, y de inútil y hasta perjudicial aquello que contribuye eficazmente á la regeneracion de otros países, nos explicamos la situacion del nuestro, que con las necesidades y los vicios de las sociedades modernas carece de las virtudes que los enfrenan.

Un hecho que debe llamar vivamente la atencion

de todos los que estudian las cuestiones sociales, es el gran número de leyes vigentes en la actualidad. Algunas podrían suprimirse, pero en cambio, habría que establecer otras cuya falta deja un vacío deplorable. Italia, en pocos años ha promulgado *quinientas y tantas* leyes; cierto que es un país donde se necesita rehacer y reformar mucho, pero en todos, el progreso, las comunicaciones más frecuentes, y las relaciones más numerosas y complicadas, exigen más reglas obligatorias que las condicionen equitativamente; es decir, mayor número de leyes. Si se considera que toda ley puede ser infringida, y toda infraccion penada, con el número de preceptos legales, se ve que aumentan las ocasiones de infringirlos y la necesidad de mayor cuidado para no hacer cosa que pueda calificarse de ilegal. Cuanto más culto y activo es un pueblo, mayor necesidad tiene, en las múltiples y complicadas relaciones de los ciudadanos, que éstos sepan su derecho y cumplan su deber, porque de contínuo se hallan en el caso de exigir lo que les corresponde ó de dar lo que á otro pertenece. El derecho circula, debe circular en el cuerpo social, como la sangre en el humano, sin que se note, no prestando una particular atencion, y por eso en gran número de relaciones pasa desapercibida su fase jurídica, hasta que alguna infraccion la revela. El que vive en una casa, el que es dueño de ella, el que trabaja, el que da trabajo, el que vende, el que compra, el que aprende, el que enseña, el que manda, el que obedece; todos tienen relaciones jurídicas y hasta los que van al teatro ó á paseo están en *su derecho* al ocupar la localidad que han tomado, y en no ceder la acera al que lleva la izquierda.

Ademas de un cúmulo de relaciones jurídicas, desapercibidas por lo comun, pero reales, que existen en todo pueblo civilizado y más cuanto mayor sea su cultura, hay un cúmulo de tentaciones que crecen tambien, y crecen mucho con la civilizacion. El espectáculo de goces cuyo valor exagera el que los ambiciona, es aguijon permanente de medianos, pequeños y mínimos, que, no resignados con su suerte, quieren mejorarla mucho y pronto, variando las aspiraciones y los medios segun su posicion y su carácter, desde los grandes fraudes de la banca, de la industria ó del comercio, hasta la apropiacion de los caudales públicos, ó de un reloj ó un porta-monedas sustraido de bolsillo ajeno. Nosotros recordamos que hace medio siglo eran mucho ménos frecuentes los robos de porta monedas y de relojes, y eso que no había en la mayor parte de las poblaciones agentes de la autoridad, y muy pocos en las de mayor importancia. ¿Cuál puede ser la causa de este aumento de delitos? Puede ser, y de seguro serán, varias, pero hay algunas que desde luégo saltan á la vista.

Antes, las señoras, que suelen pagar fuerte tributo á los apropiadores de bolsas ajenas, ó no llevaban dinero, ó iba de modo que no era fácil apoderarse del bolsillo; en esto influía la moda, y las actuales suelen favorecer tanto la industria de los rateros, que no parece sino que los consultan para pintar los figurines: ántes, casi nadie tenía reloj, eran ménos frecuentes los espectáculos y reuniones en que hay acumulacion de gente, de modo que todas estas circunstancias, y áun prescindiendo de otras, explican perfectamente el menor número de porta-monedas y de relojes robados.

Hay otras infracciones de la ley ó de la moral que se aumentan ó aparecen por causas ménos evidentes que las arriba señaladas, pero análogas y no ménos ciertas.

Cuando no había seguros, no se podía prender fuego á la casa, ó echar á pique la embarcacion asegurada en más de lo que vale.

Cuando no había billetes de Banco, no podían falsificarse.

Cuando no había obras públicas, ó eran insignificantes, no eran posibles los grandes y contínuos fraudes á que dan lugar.

Cuando no había compañías poderosas, no podían comprar á hombres influyentes que las favoreciesen, con daño de la sociedad y mengua de la justicia.

Cuando no había crédito público ni privado, no podía abusarse de uno y otro, ni convertirle en juego de azar en que se hacen trampas.

Cuando no había empresas industriales, no se podía explotar á los operarios y burlar á los accionistas fingiéndolas ruinosas para quedarse á ménos precio con las acciones de un buen negocio.

Cuando el Erario contaba sólo con escasísimos

recursos, no se le podía defraudar en tan grande escala como hoy; ni escandalizar con el lujo despilfarrador de sus dependencias.

Cuando no había materias explosivas, ó estaban al alcance y en poder de pocos, no podían aplicarse á'fines odiosos y criminales.

Cuando no había motores mecánicos ni aparatos cuyo gran poder beneficioso se convierte en daño, si no se dirige, ó se da mala direccion, la voluntad depravada, ó la imprudencia temeraria, no podian dar lugar á perjuicios y castástrofes.

Cuando la incomunicacion localizaba todas las actividades, no podían las que se dirigen al mal multiplicarse por medio de la asociacion de esfuerzos y de ideas que facilitan los ferro-carriles, el telégrafo y la imprenta.

Cuando la sociedad, como petrificada, mantenía fijos cada uno de los elementos, y parecía delito, pecado, ó por lo ménos locura, querer salirse de la esfera en que se nació, las impaciencias febriles, y las ambiciones insensatas, no se equiparaban á las legítimas para agitar los ánimos y pervertirlos muchas veces.

Cuando todas las cosas buenas y malas pasaban en la incomunicacion y en el silencio, el lujo, encerrado en los palacios de los grandes, no se presentaba de continuo como tentacion y escarnio de pequeños; el vicio no era internacional, y el crímen de un rincon no daba mal ejemplo al mundo.

Y entónces (dirán algunos), ¿qué significa la palabra *progreso*, si el de las ciencias y las artes se convierte en aguijon y auxiliar de la maldad? ¿De qué sirven esas propiedades de los cuerpos, que tan admirablemente se utilizan, de qué las leyes físicas que se descubren, si todo no ha de servir sino para más hollar las de la justicia? En mal hora despertó el hombre de su letargo, si su actividad ha de ser tan perversamente desordenada; en mal hora pidió y obtuvo derechos si le conducían al olvido de sus deberes; en mal hora quiere apartar de sí el cáliz de amargura, si no comprende que pueda sustituirle más que con la copa de la orgía.

Y estos temores ó estas afirmaciones se corroboran muchas veces con el hecho de que en tal país, ó en varios, ó en todos, la criminalidad aumenta según dicen los que presentan en comprobacion y cual argumento concluyente, largas columnas de números, como si éstos no pudieran inducir á errores gravísimos, y como si bastase saber aritmética para utilizar la estadística. Es frecuente medir la inmoralidad por las infracciones legales, y pedir á las leyes más de lo que pueden dar, aunque no sean letra muerta, como tantas veces lo son entre nosotros.

Para no equivocarse, y no desalentarse, y no volver atras de un camino bien trazado, creyendo que extravía porque ofrece obstáculos, hay que recibir con mucha circunspeccion y reserva los datos numéricos, que aislados, pueden decir verdad ó mentira. Desde luégo es absurdo tomar períodos cortos, como por lo comun se hace, y porque en cinco ó diez años aumentó ó disminuyó el número de infracciones legales, concluir que la criminalidad aumenta ó disminuye: ni el hombre es una máquina tan grosera como suponen los materialistas, ni las causas producen, siempre ni las más veces, efectos (sociales) inmediatos, ni simples, sino tardíos y sumamente complejos.

Ademas, como el mal que sale á la estadística no es el que *se hace*, sino el que legalmente *se comprueba ó se persigue*, mayor perfeccion en la máquina administrativa, más rigor ó más extension en la esfera de la ley, pueden acusar un aumento de malas acciones, que tal vez han disminuido, sólo que ántes no se calificaban de delitos, ó quedaban impunes.

A esta causa de error, al medir la inmoralidad por las infracciones legales, hay q   ñadir otras, en especial una que apuntaremos. Lɑ oralidad de los pueblos, como de los individuos, rɩ lta, no sólo del bien ó del mal que hacen considɛ ɩdos separadamente, sino pesando y comparando sus buenos y sus malos hechos. Puede haber un hombre, no sólo cumplidor de las leyes, sino que ostensiblemente se abstenga de hacer daño, y sea, con todo, muy inmoral, porque pudiendo no hace nunca bien. Cosa análoga acontece con los pueblos, y se los juzga mal considerando la fúnebre y horripilante estadística de sus crímenes, sin tener presente la ejemplar y consoladora de sus virtudes, abnegacion y hechos heróicos.

Así, aunque fuera cierto (bien observado no lo es), que la criminalidad aumenta, no lo sería que la inmoralidad era mayor, porque la administracion de justicia más perfecta revela infracciones legales que ántes pasaban desapercibidas, y sobre todo por el gran número de virtudes sociales que les sirven de contrapeso.

Este contrapeso es indispensable. Los Gobiernos pueden sostener el órden material, y eso á duras penas, aunque persigan con el telégrafo al criminal que escapa en ferro-carril y le fotografíen para identificar la persona que tiene tanta variedad de nombres, de firmas, de aspectos y de trajes. Pero los Gobiernos no pueden mantener el órden moral, cuya perturbacion, cuando es grande, hace imposible ninguna especie de órden, porque se vuelven contra él los mismos encargados de conservarle, como de continuo lo estamos viendo. A mayor cultura y libertad de un pueblo, ya lo hemos dicho, mayor cooperacion *voluntaria* de su parte, es indispensable para el órden verdadero, porque hasta en la esfera oficial, hasta los empleados y funcionarios que nombra y paga el Estado, si no hacen más que lo estrictamente preciso para pasar, si no tienen virtudes sociales y amor á su obra, la ejecutarán tan mal como puede ver el que se pase en España por cualquier establecimiento público, con excepcion, no de la dependencia entera, sino de alguno de los individuos que de ella forman parte. Y se comprende. Los funcionarios y empleados no viven en una atmósfera donde pueden aislarse de las influencias sociales y de familia; las reciben, buenas ó malas y cuando están rodeados de egoismo, indiferencia por el bien y tolerancia por el mal, no es fácil que tengan abnegacion y entusiasmo por la pública prosperidad.

Si la máquina gubernativa no puede marchar bien cuando las partes que la componen toman el cargo como oficio, ¿cómo marchará la máquina social, tan complicada, tan inmensa, y cuyas ruedas no engranan sino en virtud de armonías que se establecen por la virtud, por el amor, por la abnegacion, por el convencimiento, por el honrado cálculo, por la actividad voluntaria, y, en fin, por tantos elementos como están más arriba y más abajo de la ley, que la envuelven y la vivifican, que no son exigibles, pero son imprescindibles?

Sí, imprescindibles. La civilizacion no es el vicio y el crímen; no es el progreso material y el retroceso moral; pero como multiplica las ocasiones, las tentaciones y los modos de hacer mal, necesita que se multipliquen los medios de contenerle, y para que como la lanza de Aquíles, cure las heridas que hace, há menester que se impregne por todas partes de amor activo del bien público. Nadie dudará que una locomotora es medio de trasporte más perfecto que una carreta, pero tampoco que el camino por donde ha de marchar necesita disposicion especial, y el maquinista más conocimientos que el carretero; si no se llenan estas condiciones, ó no podrá andar, ó se estrellará, y sería absurdo negar sus ventajas cuando no se pusieron los medios racionales ó indispensables para conseguirlas. De la misma manera, la civilizacion, que es muy preferible á la barbarie, constituye un organismo social más complicado, y há menester más inteligencia y más virtud.

Nosotros hemos importado el alumbrado de gas, los ferro-carriles, el telégrafo y varios productos de la industria, y leyes políticas y penales; hemos traducido libros y adoptado algunas formas extranjeras, celebrado tratados y asistido á Conferencias y Congresos internacionales, como quien forma parte activa del mundo civilizado. Esto á primera vista; pero observando con mayor detenimiento, se nota que hay más apariencia que realidad en semejante cultura, que no tiene raíz, que no vivifica, que no es homogénea y maciza, sino superpuesta con ténue y brillante capa, que se gasta al menor roce, dejando ver negros manchones de salvajismo y barbarie. Todo porque nos falta ciencia y virtud; virtud sobre todo, y queremos locomotoras que corran por malos caminos y manejadas por carreteros.

No poniendo los medios adecuados, el fin no puede lograrse, y jamás seremos un pueblo culto y próspero, si no prestamos á la obra social aquella cooperacion que es indispensable para que se haga bien. Mentira serán las buenas leyes, no siendo verdad más que las perjudiciales; mentira serán las benéficas empresas, no siendo verdad más que los abusos que á su sombra hipócritamente se cometen;

todo bien será estéril, y no habrá fecundo más que el gérmen del mal, donde quiera que la pereza, el egoismo ó la codicia reciban en sus manos muertas ó impías el sagrado depósito de tantas cosas buenas como matan ó profanan.

A esta cooperacion eficaz, inmensa y voluntaria, y sin la cual no es posible contrarestar los males que consigo lleva la civilizacion, ni utilizar sus bienes; á esta obra esencialmente moral, contribuye la mujer, por lo que hace, por lo que aconseja, por lo que inspira; y todo bien apreciado, puede tener en ella más parte que el hombre. ¿Y cuál es la que tiene en España? Pequeña, mínima unas veces, nula las más, contraproducente no pocas, sin culpa suya. Dada la estrecha esfera en que vive, material, moral é intelectual, no puede suceder otra cosa; pero es inevitable que no siendo un auxiliar poderoso del progreso, sea una pesada rémora.

IV

ERRADOS ARGUMENTOS DE LOS QUE SE OPONEN Á LA DIRECTA ACCION SOCIAL DE LA MUJER

Los que se oponen á que la mujer influya en la sociedad como puede y debe, se apoyan en varios motivos, á que dan el nombre de razones, y que pueden reducirse á tres:

1.ª   A la mujer que se ocupa de las cosas de afuera, le faltará tiempo para las de casa.

2.ª   La mujer que se ocupa de las cosas grandes, pierde el gusto y la aptitud para las pequeñas, que constituyen los quehaceres domésticos y el cuidado y órden de la familia.

3.ª   Las virtudes sociales de la mujer, si no son incompatibles perjudicarán, cuando ménos, á las domésticas.

FALTA DE TIEMPO.—La mujer regularmente acomodada, que es de la que nos ocupamos aquí principalmente, cuando no tiene tiempo, es porque lo malgasta; en general le sobra, y con mucha frecuencia no sabe qué hacerse de él: la pesa, le abruma. De malgastarlo tiene muchos modos, y es frecuente oirle decir *que no sabe cómo se le va.* Ella y todos debieran averiguarlo. La máxima de los ingleses, *que el tiempo es dinero*, es un modo bien incompleto, y podría decirse bruto, de apreciarle; porque ademas de su valor económico, le tiene inapreciable, moral ó intelectualmente considerado. El tiempo es el error que se rectifica, la verdad que se aprende y que se enseña, el mal que se evita, el consuelo que se da, la aptitud que se adquiere para la plenitud de la existencia y el racional y puro goce de muchos bienes que están en el mundo físico y espiritual, como rico venero de mina desconocida; el tiempo es la virtud que se robustece, el sentimiento que se purifica, la inteligencia que se dilata; el tiempo es la perfeccion, la vida. Y con ser todo esto, ¿cómo se arroja hora por hora, dia por dia, año por año, en el abismo de la nada? ¡De la nada! ¡Ah! Peor. No hay medio entre emplearle bien ó gastarle mal; nadie le *mata* sin *herirse*, y es inevitable que quien no aprovecha el tiempo de manera que eleve y perfeccione, viva de modo que se deprave ó se rebaje.

Prescindiendo de cómo pierden el tiempo en España los hombres, nos limitaremos á nuestro asunto, indicando cómo malgastan las mujeres este inapreciable tesoro despilfarrado en una de estas tres formas:

Falta de órden;

Ociosidad;

Trabajo mal dirigido.

No hay mujer medianamente arreglada que deje de calcular sus ingresos para ajustar á ellos sus gastos; y esto que con el dinero hace por regla general, apénas por excepcion rarísima lo hará con el tiempo, riqueza que no puede trasmitirse por herencia, ni aumentarse con fortuna, ni rescatarse una vez perdida. La frase que arriba recordábamos, *no sé cómo se me va el tiempo,* es como la fórmula del desórden en esta materia. No es raro ver una mujer que llega y pasa del medio dia sin haberse peinado, porque no tuvo tiempo; que no se ocupó de alguna cosa importante porque no tuvo tiempo; que faltó á lo que debía al deudo ó á la amistad, porque no tuvo tiempo, y en fin, que no tiene *tiempo para nada* porque no establece el órden de *tener horas para todo.* Si con las veinticuatro del dia estableciera su presupuesto y las distribuyese razonablemente en lo que debe hacer, le sobraría, en vez de faltarle; y si ajustase bien la cuenta entre lo hecho y el tiempo gastado, se admiraría de ver cuán mal lo administra, sobre todo si se compara con álguien que lo emplee bien.

Ademas de las mujeres que andan siempre muy de prisa para hacer muy poca cosa, hay otras que no se apresuran para nada, que se levantan tarde, que se entretienen de esta manera, de aquella ó de la otra, y que viven en ociosidad más ó ménos disimulada ó confesada, pero siempre evidente para cualquiera que las observe. Se dirá que éstas no son mujeres de su casa; pero sobre que no dejarán de tener la pretension de serlo y de lograr que muchos lo crean, no pueden deslindarse en la sociedad como en el papel las variedades, ni marcar los matices y graduales diferencias que existen entre la mujer holgazana y la hacendosa; pero de todos modos, la mujer de su casa que corresponde al ideal de los que la consideran como el tipo de perfeccion, no corresponde al mayor número, y más bien forma la excepcion que la regla; de modo que no puede prescindirse de las que están dentro de ella, cuando se trata de apreciar la influencia social del sexo, y el resultado de que se crean en alto grado virtuosas, aunque no tengan ninguna virtud social.

La mujer de su casa, la que merece este nombre, trabaja en ocasiones mucho, demasiado, y hasta con perjuicio de su salud, pero sin buen cálculo ni buen método, á veces sin direccion acertada ni fin razonable, de modo que emplea mucho tiempo con poca utilidad y áun con daño. Concentrada su actividad en el hogar doméstico, tiene que acomodarla al reducido círculo, y tanto porque tenga empleo, como por natural propension á dar importancia á lo que hacemos, resulta que al trabajo necesario se añaden ocupaciones pueriles, y que al legítimo orgullo de realizar cosas grandes, se sustituye la vanidad de las cosas pequeñas. En vez de limitarse en la casa al aseo y á la comodidad, la llena de muebles, adornos, baratijas y chucherías, que, si no han de ser nidos de polvo, son aumento de trabajo. Respecto á las personas, el lujo, ademas de los males que en sí lleva, se extiende á detalles y puerilidades que absorben mucho tiempo, no sólo sin beneficio, sino con daño de los que engalana, que desde niños se acostumbran á dar pávulo á la vanidad, ó importancia á las cosas que no la tienen. En vez de la limpia sencillez que constituye la elegancia y realza la hermosura, hay una complicacion de adornos, guarniciones, bordados y lazos, cuya hechura y conservacion suponen mucho trabajo, y cuyo empleo lleva mucho tiempo. Vestir los niños y que se vistan las señoritas, ¡ya es empresa! En ella se emplea una parte del tiempo que debía destinarse al saludable ejercicio y á tomar el aire libre. Y como al compás de las señoras han de moverse las criadas, no tardan ellas ménos en engalanarse; de modo que á esta pregunta: ¿Cómo salen ustedes tan tarde? Es la hora de volver. La respuesta suele ser: ¡Ya ve V., primero que se visten todos!

No puede suceder de otro modo, dadas las cosas como hoy están. Para *simplificar* la vida de la mujer, hay que *elevarla* y *extenderla*, sin lo cual es inevitable que pierda una gran parte de ella en labores que, léjos de ser útiles, fomentan vanidades desde muy temprano, y no pocas veces son tan hostiles á la higiene como á la estética.

¡Qué de trabajo no suele emplearse para hacer trajes y adornos feos y malsanos!

A pesar de todo, por más que la mujer hacendosa malgaste una parte de la vida en labores que debía suprimir, áun le queda tiempo para ocuparse más ó ménos del bien público, y trabajar personalmente en alguna obra benéfica. Esto tratándose de mujeres muy laboriosas, que tomándolas en conjunto, puede asegurarse, como dejamos dicho, que les sobra tiempo, que les pesa, que no saben qué hacer de él, que por no saber emplearle se vuelve contra ellas, y es uno de sus mayores enemigos, en forma de tedio, que callada y traidoramente corroe su existencia, y no pocas veces allana el camino á grandes faltas.

Puede haber circunstancias, que se prolongan más ó ménos, en que la mujer se vea imposibilitada de contribuir personalmente á la obra social fuera del hogar doméstico; pero no por eso cesa la influencia de sus virtudes sociales, que se hará sentir en el círculo donde influye bajo la forma de consejo, de estímulo, de alabanza, de censura, de simpatía ó de repulsion hacia las personas que trabajan por el bien de los demas, ó no se ocupan sino del propio. Cuando la mujer toma parte en la cosa pública, no necesita salir al campo para contribuir á que se haga la guerra; si la tomara *siempre y bien* en el combate continuo contra el dolor y la culpa, áun cuando no pueda salir de su casa, tendrá muchos medios de animar y dar fuerza á los combatientes, en vez de enervarlos y retraerlos.

Despues de afirmar que á las mujeres en España, aunque le malgastan, todavía les sobra tiempo; que nunca les faltará, si le economizan, para contribuir de un modo ó de otro al bien público, debemos añadir que hay mujeres *que tienen tiempo para todo*; lo cual, si como ejemplo no es comun, como prueba es concluyente.

Imposibilidad de ocuparse de las cosas grandes y de las pequeñas.

A fin de que no acabe por ser un libro voluminoso lo que se empezó para un capítulo, prescindiremos de influencias de tiempos remotos, señalando sólo aquéllas más próximas y perceptibles.

Las sociedades cuya herencia inmediata hemos recogido, marcharon regidas por poderes indiscutibles, absolutos en el órden temporal, infalibles en el espiritual; y era impío y parricida y reo de pena capital el que dudaba de la verdad revelada, ó pretendía combatir el poder de derecho divino. Dos clases, que por dichosas circunstancias no pudieron convertirse en castas, los guerreros y los sacerdotes, hicieron las leyes, y dieron la norma á las costumbres y á la opinion, que declaró santas, nobles, grandes, impías, viles y pequeñas las cosas, segun la preocupacion, el gusto ó el interes de minorías despóticas. ¿Qué fué decoroso? Lo que hacían los nobles: cazar, pelear y apoderarse á mano armada de lo que no era suyo, que ahora llamamos robar. ¿Qué fué vil? Lo que hacían los pecheros, trabajar.

Y no sólo estaba envilecido el trabajo manual, sino el de la inteligencia. La necesidad imprescindible del derecho hizo que sus intérpretes se abrieran paso poco á poco, y fuesen apareciendo, aunque no en primera línea, entre las clases influyentes. Los que somos viejos recordamos que aún no há mucho sólo se tenían por personas dignas, por señores, los terratenientes, los militares y los legistas. Un mayorazgo no podía dedicar á sus hijos sino á la Iglesia, las armas ó á la magistratura, ni casar á sus hijas decorosamente más que con abogados, oficiales ó mayorazgos. Estas familias eran las que se llamaban, y se llaman todavía, *buenas*. Un médico, un boticario, un artista, un comerciante, un industrial, eran mirados con gran desprecio, de que aún vemos muestras, porque no hay trabajo más largo y difícil que barrer las preocupaciones, sin que queden restos de suciedad en los intersticios sociales.

Los que daban la ley y el impulso á la opinion, declaraban bueno y digno lo que ellos hacían, rebajando ó envileciendo la labor de los demas, propension que las circunstancias pueden favorecer ó combatir, pero que sin duda es natural y fuerte, segun la insistencia con que se manifiesta. Para convencerse de esta verdad, no son necesarias profundas investigaciones históricas; cualquiera puede observar al presente, y cerca de sí, en medio, abajo y arriba, la tendencia á encomiar lo que se hace, rebajando el mérito del trabajo ajeno, y á dignificar el propio modo de ser, y declarar *inferior* el que es *diferente*.

El círculo de las personas que se tienen y son tenidas por decentes, y de las ocupaciones que no rebajan, se ha extendido mucho, y se extiende más cada dia, pero quedan aún fuera los que se dedican á *trabajos manuales*, para servirnos del lenguaje usual, aunque inexacto, porque con las manos solamente nadie trabaja. En este número se encuentra la mujer; con la circunstancia de que lo que para el hombre va considerándose ya por todos como obra de la fortuna, es para ella ley de la naturaleza, y que si un jornalero pudo haber nacido donde fuese abogado ó ingeniero, una lavandera, donde quiera que naciese, no pasaría nunca de trabajadora manual (1).

Hagamos otra observacion. El que vive de una manera que tiene y es tenida por *superior*, propende á considerarla á una distancia *inconmensurable* de otras maneras *inferiores*, ó lo que es lo mismo, que ni él puede descender hasta ellas, ni los que viven así, subir hasta él, y declara, no ya sólo la *diferencia* y la *superioridad* de su modo de ser, sino la *imposibilidad* de asimilarle á otros que están á infinita distancia, y ya tenemos la *incompatibilidad* de ciertos trabajos y modos de ser con otros; la línea *infranqueable* atribuida á la naturaleza, que que deslinda las actividades segun los fines á que se dirigen; la disyuntiva de que hay que emplearlas en las cosas grandes ó en las pequeñas, y el axioma de que la mujer sólo es apta para las últimas, y que se incapacitaría para ellas y las descuidaría, si tuviese, por excepcion, más aventada aptitud, y la em-

_____

(1) Va haciéndose alguna excepcion, pero muy rara, porque las maestras, que parecen serlo, no lo son en realidad; su trabajo, por lo comun, es puramente mecánico.

pleara. Estas consecuencias se encadenan; si no son razonables, son lógicas, y no pueden rechazarse sin negar las premisas que se presentan con gran aparato histórico y autoritario; con el oropel de todo género de vanidades, con el parapeto de toda clase de egoismos, blandiendo toda especie de armas, y especialmente la del ridículo. Las negamos, no obstante, y sentaremos las nuestras, aunque parezcan absurdas, y cuidándonos sólo de investigar si son verdaderas.

Notaremos, lo primero, que la calificacion de cosas *grandes* y *pequeñas* suele ser bastante imperfecta, como hecha por los hombres que se atribuyen grandezas que no tienen, y gozan privilegios que no deben tener. Así como la misma accion es, segun el sexo, pecado socialmente irremisible, culpa leve, y hasta ventaja, tambien á un trabajo equivalente se le suponen diferencias de magnitud que no tiene restando del de la mujer y multiplicando el del hobre.

Las mujeres creen de buena fe en la gran superiosidad del trabajo de su marido, de su hermano, de su padre, porque ignoran cómo pasan las cosas; pero los que están en el secreto de lo que sucede en oficinas, escritorios, y aun en algunos *estudios*, saben á qué atenerse, y que mucho de lo que allí se hace tiene tan poco de intelectual como cambiar el cuello y puños á una camisa, ó tomar la cuenta á la lavandera. Tal vividor que se considera con una inmensa superioridad respecto á su mujer, no emplea más entendimiento para especular con los otros, que ella para evitar que la criada especule con la cuenta de la plaza; y el ejercicio de hacer minutas, malos extractos de expedientes, copias, restas por pérdidas y sumas de ganancias, el de mezclar líquidosde varios frascos y pesar polvos que están en otros, no proporciona á las facultades superiores un ejercicio más saludable, que echar cuentas para nivelar los gastos de la casa con los ingresos, y ver de que con el mismo desembolso se tenga mayor comodidad y lucimiento. Hay, pues, que suprimir en gran parte la distincion de cosas *grandes* de que se ocupan los hombres, y *pequeñas*, reservadas á las mujeres, porque una cosa es el provecho que se saca de la obra, y otra su magnitud en el sentido de mérito; y necesidad, para realizarla, de ejercitar facultades superiores.

Limitándonos al número, mucho más reducido de lo que se cree, de hombres que se ocupan de cosas verdaderamente grandes, procuremos investigar si existe incompatibilidad *esencial* entre ellas y las pequeñas. Tenemos dos hechos, que no se negarán.

1.º El hombre no es espíritu puro, y existe bajo la forma de materia organizada.

2.º El sér más perfecto es aquel que hace más y mejores cosas sin necesidad de ajeno auxilio.

No siendo el hombre sólo espíritu, sino formando parte de él la materia organizada, ó es *esencialmente vil*, ó *no se envilece* proveyendo á las necesidades corporales. Por reaccion de la idolatría del cuerpo, el ascetismo cristiano lanzó sobre él una especie de anatema, y no pudiendo aniquilarle, lo degradó y le torturó con desprecio, suciedades y maceraciones. Lógico era que se tuviese á poca honra servir á tan ruin dueño, y que este modo de ver y de sentir se reflejase en toda obra *puramente material*. Unida á otras, fué ésta una concausa que contribuyó á rebajar el trabajo material, pero los motivos no son razones, y ¿cuál habrá para que sea honorífico cazar un venado, y degradante prepararle de modo que pueda comerse?

Que la division de trabajo exija ó recomiende la diversificacion de las ocupaciones y las especialidades; que la comodidad y el gusto acepte una ocupacion y rechace otra, cosas son naturales, y en cierta medida convenientes, pero de ningun modo implican que una labor sea vil porque no agrada ó no conviene dedicarse á ella. El sustento de nuestro cuerpo y su conveniente aseo exigen incesantes cuidados, de los que muchos, no sólo no envilecen, sino que es degradante no hacerlos, ó recibirlos de otro. La materia exige una cantidad indispensable de cuidado y tarea material, lo mismo para el hombre de genio que para el vulgar; el idiota ó el loco que no lo tiene, es un objeto repugnante, y la última degradacion y desdicha es no proveer por sí mismo á ninguna necesidad física. ¿Es más espiritual comer y beber que prepararse la comida? ¿Comprar una corbata que una perdiz? ¿Lavarse las manos que coser un guante? ¿Afeitarse que barrer y limpiar el polvo?

Dejando á un lado comodidades, gustos, conveniencias, y tambien egoismos y errores, ¿qué razon justifica esos melindres intelectuales de personas que, por superiores que sean, están sujetas á las leyes de la materia organizada en forma de hombre, y á todas las necesidades y miserias humanas? Ninguna: no hay labor que, por el *solo hecho* de ser mecánica, envilezca al obrero, ni que le inhabilite para las tareas del espíritu; ni existe más incompatibilidad *esencial* entre pensar y preparar una chuleta, que entre meditar y comérsela. Y esto es tan cierto, que, cuando hombres verdaderamente grandes se han visto precisados á ocuparse en labores mecánicas, domésticas ó exteriores, no se rebajó su inteligencia, ni padecieron sus facultades intelectuales.

Ademas de la *compatibilidad esencial* de los trabajos intelectuales con los mecánicos, hay circunstancias, dos en especial, que manifiestan la conveniencia de armonizarlos. Si por una parte la division de trabajo, extendiéndose á muchas labores de casa, donde no ha llegado, suprimirá en el hogar gran parte de las tareas mecánicas, por otra la servidumbre doméstica, como la esclavitud, desaparecerá, ó disminuirá tanto y se pagará tan cara, que ha de ser precisa mucha riqueza para tener criados, y más de cuatro pensadores tendrán que limpiarse las botas, sin que por eso dejen de valer tanto, Dios mediante, y acaso un poco más, que los que hoy se hacen cepillar por el ayuda de cámara. Otra consideracion, no para lo futuro, sino aplicable al presen-

te, es la conveniencia, y áun la necesidad, de suspen-
der el trabajo mental, que, cuando es intenso y continuado, arruina al trabajador.

Se ha observado ya la degeneracion de la raza en
aquellas clases, cuyos trabajos mentales ó corporales son excesivos; la fisiología pide que se alternen,
variando las ocupaciones, y la justicia y la conveniencia de todos pondrán de manifiesto cada vez
más, que si la especie no ha de degradarse por ex-
clusivismos y excesos en distintos sentidos, es necesario que los de arriba trabajen algo con el cuerpo, y los de abajo con el espíritu. Esto irá siendo
evidente; los hombres del arroyo y los de gabinete,
los salvajes de la civilizacion y los que van á la cabeza de ella, son débiles, y unos por dar demasiado
á la materia, y otros por darle demasiado poco, coin-
ciden en arruinar el cuerpo.

La gimnasia viene en auxilio de las personas de
calidad, y les permite hacer ejercicio sin trabajar, género de distincion á que habían llegado los penados
ingleses cuando por una ley inícua eran condenados
á mover un molino que no molía. Pero la gimnasia,
cuando no es terapéutica, sobre que no puede com-
petir con los trabajos sanos para fortalecer el cuerpo y dar descanso al espíritu, pone en relieve lo erróneo y arraigado de ciertas ideas y preocupaciones.
La *fisiología* pide ejercicio material, y cuando la
clase se lo concede, es á condicion de que ha de ser
inútil; un esfuerzo que se *pierde,* no *rebaja;* un esfuerzo que se *aprovecha*, sería *indecoroso.* ¡Adónde

iríamos á parar si un caballero que necesita ejercitar sus músculos hiciera un surco ó una mesa!

Ademas de la conveniencia ó necesidad de alternar los ejercicios materiales con los del espíritu, hay casos en que éstos no son posibles; la poca salud, ó los muchos años, incapacitan del todo ó en gran parte para las fatigas mentales, y entónces es un gran recurso poderse distraer en cualquiera obra manual, que léjos de perjudicar, contribuye á recuperar la aptitud para los trabajos del entendimiento, ya por lo que fortifica, ya por lo que distrae combatiendo la accion deprimente del tedio. Esto no dejará de ponerse en duda por muchos, acaso por los más, pero los que tienen experiencia saben que cualquiera labor es preferible á la inaccion completa, y de cuántas ventajas y recursos se privan los que imaginan antagonismos donde hay armonías.

Al esforzarnos á formar idea de Dios, uno de los atributos que le suponemos es la *omnipotencia*, el bastarse á sí mismo y no necesitar de nadie. Al imaginar la perfeccion en el hombre, no podemos (razonablemente) tener otro ideal; y aquel que proveyendo á mayor número de necesidades, sea más independiente de los otros, será más perfecto, y como estas necesidades son en gran parte materiales, léjos de que el proveer á ellas le rebaje, le ensalza, por el contrario. Como todo en el hombre es limitado, su perfeccion es tan sólo relativa, y lo mismo su independencia; dispone de poca fuerza y de poco tiempo; no puede prescindir de la division del trabajo y del ajeno auxilio; pero no hay duda de que cuanto éste sea ménos necesario, él será más grande en igualdad de circunstancias. Entre dos pensadores iguales ó equivalentes, es superior el que en lo material *da ménos que hacer*, y hace más de esas cosas que la preocupacion califica de indecorosas para él. Esta verdad, como otras, poco perceptible en el medio, lo es mucho en los extremos; y si se considera poco digno de un hombre de letras (y aunque no las tenga), trabajar materialmente, nadie duda cuán miserable es la situacion que indicábamos más arriba; aquélla en que no puede hacer nada materialmente por sí, en que para todo lo material necesita de los demas.

Nos parece imposible reflexionar y juzgar sin preocupacion, y desconocer estas verdades, y cómo no habrá quien sostenga que las leyes del espíritu son diferentes para la mujer y para el hombre (1); y si alguno hubiese, ni necesita, ni merece ser refutado, resulta que no hay incompatibilidad *escncial* entre las *labores* del *sexo* y los trabajos mentales.

---

(1) Hemos leido que un alto funcionario, en ocasion solemne, ha dicho que la inteligencia de la mujer *no tiene comparacion con la del hombre* (¡ni comparacion!) Tal vez sea falta de exactitud al dar la noticia; pero si fuese exacta, sólo probaría que lo que no tiene comparacion es la ignorancia de algunas personas con la ciencia que debieran tener, ni su imprudencia con la circunspeccion necesaria para que, puestos en el caso de hablar de muchas cosas, no se conociera que entendían de muy pocas.

Esta conclusion, á que se llega con el razonamiento, está confirmada por la experiencia. Como hay hombres superiores por la inteligencia y la instruccion que no han dejado de serlo por haberse ocupado de pequeños detalles de la vida material, se ven mujeres que no los desatienden por elevar el pensamiento á las cosas grandes; el hacer hilas no impide escribir á favor de los heridos, ó juzgar con acierto de las causas de la guerra; y los que afirman como un axioma la incompatibilidad entre coser calcetines y meditar sobre asuntos graves, se equivocan, y hablan de lo que no entienden con la ligereza que atribuyen á las mujeres. Si se abriera una informacion, así quedaría comprobado, y harto concluyente es la prueba de personas observadoras (y áun de las que no lo son), que, habiendo vivido en países más adelantados, afirman que las mujeres más ilustradas allí, no desdeñan los quehaceres domésticos, y por el contrario, se ocupan de ellos mejor, teniendo la casa, por regla general, más arreglada que las de por acá. El aseo y el órden no parecen consecuencia necesaria de la falta de cultura; cosa que ya se había podido notar en los pueblos bárbaros.

Aquí no prejuzgamos la cuestion de la altura á que podrá elevarse la mujer por el pensamiento; llegue hasta donde pueda, que más allá no ha de ir: sólo sostenemos que no hay antagonismo entre los trabajos del espíritu y los materiales, entre las cosas grandes y las pequeñas; bien entendido que para ella, lo mismo que para el hombre, lo más grande es el cumplimiento del deber. Pero el deber le comprenderá mejor cuando sepa más, y tendrá más medios de llenarle cuando goce de la plenitud de su existencia, hoy mutilada por exclusiones erróneas y vetos absurdos.

Las virtudes sociales de la mujer perjudicarán á las domésticas. Poco entiende de las cosas del corazon quien no sabe que se enriquece dando, ni de las afinidades del bien el que ignora que, léjos de haber antagonismo, hay armonía en todas sus formas y modos; cuanto éstos son más, es mayor la belleza moral y solidez de la virtud. Esta crece por *extension*, no por *exclusion;* y si el ser buena hija y buena esposa no perjudica para ser buena madre y buena hermana; si nadie irá á buscar un buen amigo entre los que para su familia son malos; si todo el mundo pide afectos al que da muchos, porque instintivamente se conoce que más *tiene* quien *da* más, ¿cómo puede temerse, ni sospecharse siquiera, que la mujer que ejercite en la sociedad sus nobles facultades y dulces sentimientos ha de ser más vulgar é insensible en su casa; que cuando ha hecho un sacrificio en favor de un extraño sea más egoista con su marido, y que si amparó al pobre niño abandonado, tendrá ménos amor para el hijo de sus entrañas? Errores hay que analizarlos es combatirlos, y tal nos parece el que vamos examinando; los que le admiten en masa, por decirlo así, tienen que ir desechando los elementos de que se compone, á medida que se muestran como son, y aislados de cuanto puede ocultar su verdadera naturaleza.

Hay pues, rutinas, preocupaciones, errores, so-fismas, pero no sólidos razonamientos para sostener la falta de tiempo, para que la mujer coadyuve directa y eficazmente al bien público; la incompatibilidad entre las cosas grandes y las pequeñas, y el antagonismo entre las virtudes sociales y las domésticas. Un dia se preguntará cómo fué preciso hacer largos razonamientos para probar cosas tan claras, y se responderá:—¡Oh! ¡No solo fué preciso, sino que ha sido inútil por mucho tiempo!—

V

EL MODO DE SER ACTUAL DE LA MUJER, LA DEBILITA FÍSICA Y MORALMENTE, Y CONTRIBUYE Á SU DESGRACIA Y Á LA DE SU FAMILIA.

Si la mujer de su casa carece de virtudes sociales, ¿en el círculo del hogar tendrá al ménos la perfeccion que desean ó suponen los que la encierran en él?

Si no puede contribuir á formar ciudadanos ilustrados y virtuosos, ¿dará siquiera á la patria hombres robustos?

Si no coopera al público bien, ¿será al ménos dichosa? ¿Le bastará encerrarse en su casa y prescindir de todo lo que no sea su familia, para sustraerla y sustraerse á los males y á las influencias sociales?

Resuelta y negativamente contestamos á estas preguntas, y no nos será difícil razonar nuestra negacion.

Dícese que el que se propone un objeto, tácita ó explícitamente acepta los medios, pero es harto comun desconocer los más apropiados, ó por cualquier motivo negarse á emplearlos, y en cuanto á la mujer se refiere, suelen acontecer entrambas cosas.

En el fondo del pensamiento de muchos hombres, de la mayor parte, hay una levadura de egoismo y poco aprecio de la mujer, que tiende á considerarla, no como *fin,* sino como *medio,* y áun los que desean que se instruya, es raro que ni en extension ni en intensidad quieran que sepa más de aquello que al parecer de ellos necesita para regir bien la casa. Así, verbigracia, el ayuntamiento de Madrid quiere establecer un centro para enseñanza superior de la mujer, que abrazará, entre otras cosas, «Higiene y nociones de medicina doméstica; moral con aplicacion á los deberes de la mujer en la sociedad y en la familia; nociones de derecho y de economía en sus relaciones con la familia; elementos de botánica y zoología, con aplicacion á la agricultura, industria y comercio, y á la cría de animales útiles, etc.»

Despues de dominado el temor que inspira una *medicina doméstica* practicada por personas que no tienen conocimiento alguno de fisiología, al ver que la moral ha de tener *aplicacion* á los deberes de la mujer, ocurre preguntar: ¿cómo será la moral *sin aplicacion?* Puede que sea la que aprenden muchos hombres, que, en efecto, no suelen jamas aplicarla.

Prescindiremos de varias consideraciones á que da lugar el programa de estudios arriba mencionado, limitándonos á observar en él esa tendencia á no dar á la mujer sino aquellos conocimientos susceptibles de *aplicarse* inmediatamente, ni desarrollo en ella otras facultades que las que puedan ser útiles.

¿A qué aprender botánica, sino para cultivar trigo, ni zoología, sino para saber cómo se han de cebar los pavos?

Aun los que consideran á la mujer más que como hembra, y la tienen por un sér racional, y quieren para su inteligencia alguna cultura, suelen proponerse por principal, si no por único objeto, el *prepararla para que sea buena madre*. ¿Y en qué consistirá que se instruye á los jóvenes para que sean abogados, médicos y arquitectos, y no para que *sean buenos padres*? Pues á la verdad, no nos parece que sea cosa más fácil ser buen padre que buena madre, y áun pensamos lo contrario, porque si bien la mujer tiene que ocuparse más de los hijos cuando son pequeños, tambien el sentimiento y el instinto son en ella más poderosos y la sostienen é impulsan muchas veces á trabajos y sacrificios para los que el hombre necesita más auxilio de la idea del deber, y por consiguiente, más conocimiento de él, y preparacion reflexiva. Pero sin insistir en la mayor dificultad, nadie podrá negar que han de vencerse muchas para ser buen padre, y parece extraño que no se trate de superarlas cuando se trata (en teoría) de la educacion, como al hablar de la que debe recibir la mujer. Esto prueba con qué lentitud se pasa de practicar el error, no sólo á realizar la razon, sino á quererla, y como áun elevando á la mujer de la categoría de hembra, se le deja casi todo el peso de la prole en la esfera íntima, peso superior á sus fuerzas, material, moral é intelectualmente mermadas por el mal régimen á que se somete su vida física y la del espíritu.

Ahora, hace poco, un grupo no muy numeroso, pero muy escogido, hace una revolucion en el mundo intelectual, proponiéndose, al instruir á los niños y á los jóvenes, educarlos al mismo tiempo, y prepararlos, ante todo, para que sean *personas* primero, y despues ingenieros ó naturalistas. Pues esto que se inicia en la educacion de los hombres, hay que hacerlo con la de las mujeres, procurando que cultiven sus más elevadas facultades, que purifiquen sus sentimientos, que enfrenen en lo que puedan tener de desordenado sus instintos, que fortifiquen y ennoblézcan su carácter, y entónces, cuando sean *personas más perfectas*, serán *mejores madres*, porque la perfeccion de la madre, como la del padre, no puede consistir en la aplicacion *parcial* de ciertos elementos humanos, sino en la *total* de cuanto constituye la mujer y el hombre, como sér inteligente y afectivo. El hombre hace cuanto puede por empequeñecer, por rebajar á la mujer, y luégo quiere que, como madre, se eleve y sea grande, que es como privar á una persona del sustento necesario, y pretender que levante pesos enormes. Y ya que por la comparacion hemos venido á lo físico, notaremos que físicamente es tambien la mujer de su casa muy inferior á lo que debía ser, y cria á sus hijas para que perpetúen y aumenten esa inferioridad. Como indicábamos más arriba, se ha observado la decadencia de la raza en los dos extremos, el de los

que se embrutecen, y el de los que ejercitan con exceso sus facultades mentales, atribuyendo á este exceso
la debilidad de los últimos. Sin negar el pernicioso
influjo del exagerado trabajo intelectual, llamaremos
la atencion sobre la decisiva influencia de la hembra
en la conservacion y mejora de las especies; y cómo
la nuestra ha de resentirse en ciertas clases de la educacion y régimen de vida de las mujeres.

> La mujer casada,
> La pata quebrada;

dice un refran, que resume de una manera bruta,
pero muy expresiva, que el ideal de la madre de familia es que viva en reclusion.

Los inconvenientes de la vida sedentaria no se
neutralizan con ninguna especie de ejercicio ni gimnasia en el hogar; al contrario, las niñas no han de
tener juegos de muchachos, es una cosa muy fea,
sino jugar sentadas ó moviéndose muy poco, de
modo que sus músculos no se desarrollen ni sus
fuerzas se ejerciten. Poco aire, poca luz, poco movimiento, tal es el régimen propio de señoritas, al cual
hay que añadir trajes tan incómodos como feos, que
embarazan sus movimientos, y calzado que no las
deja andar. De este modo, combinando las rancias
preocupaciones españolas, con los figurines franceses,
privan á la mujer del indispensable ejercicio, y la
atavían de manera que son un ataque permanente á
la estética y á la higiene, y hasta al sentido comun,
porque hay ocasiones en que las señoras más pare-

cen grandes muñecas con malos resortes que personas racionales. Los sastres de París desfiguran tambien á los hombres, y en ocasiones mucho, es cierto, pero bajo la base de que el traje ha de ser siempre serio, cómodo ó higiénico, porque comprenden que no se dejarían abigarrar con colorines y mortificar con estrecheces. Pero respecto á las mujeres, no hay razon de gusto de comodidad ó de higiene que les ponga coto; ellos á pintar, y ellas á estudiar los menores detalles de la pintura para que su traje la reproduzca fielmente. ¡Cuántas no aspiran á mayor elogio (ni le merecen) que á parecer figurines!

Esta contínua y general infraccion de las reglas de higiene, perjudicial á la salud, tiene que serlo á la prole, y lo es, en efecto, porque la debilidad de la madre se refleja en el hijo, al que da estrecho claustro, pobre sangre, y con frecuencia no puede proporcionar el primer alimento. *No quieren* (se dice), *dejan de criar por egoismo, por comodidad.* Algunas hay de tan vil condicion, pero son muchas más las que no pueden, y tantas, que los hijos de los señores perecerían á millares si no los sustentaran á sus pechos las mujeres del pueblo (1). Se ve, pues, que las de las clases medias y elevadas (en el sentido económico de la palabra), fisiológicamente no son buenas

---

(1) Se dirá que áun éstas no pueden criar á veces en las grandes poblaciones; pero sobre que el caso es muchísimo ménos frecuente que entre las señoras, no coexiste, como en éstas, con la salud y la abundancia, sino que es efecto casi siempre de la miseria y de la enfermedad.

madres, por endebles y enfermizas; de modo que á
la vez se mutila el sér intelectual, y se debilita la
hembra. Nada más lógico, y no obstante, parecerá
extraña la proposicion de que, si se quiere que las
señoras sean madres más robustas, es necesario que
sean personas más formales.

La ignorancia de las leyes de la higiene; la vanidad; el terror del qué dirán; el apego al hábito y la
rutina; la timidez (no siempre unida á la modestia,
la humildad y la prudencia), que constituyen uno
de los atractivos del sexo, son con frecuencia obstáculos para las más saludables reformas. Un círculo de errores y preocupaciones hormiguean en tor-
no de la mujer formando una atmósfera que la envuelve; todo conspira contra el régimen propio para
fortificar su físico y el de su familia.

Si alguno extraña que incluyamos la vanidad entre los elementos hostiles á la higiene, le invitamos
á que observe, y verá cuántas veces, por satisfacerla,
se cercena el nutritivo adecuado alimento, el conveniente abrigo, y hasta el aire y la luz. ¡El aire y la
luz! ¡Exageracion! No, no lo es. En una casa entra
un médico razonable, y receta para una prole es-
crofulosa, la traslacion de los dormitorios lóbregos y
sin ventilacion á la sala de recibo, que tiene aire y
sol de medio dia; en otra, la señora que, á consecuencia de un viaje, tiene dificultades pecuniarias,
se alaba de que sus hijas (que necesitan como alimento aire y sol), no salieron de su casa hasta que
pudo realizar algunas economías y presentarlas ves-

tidas como correspondía á la posicion social de su padre... y así tantas y tantas.

El régimen actual, que es malo para dar á luz y criar hijos robustos, ¿será bueno para educarlos? Tampoco. Si debilitando el cuerpo la prole ha de resentirse de su debilidad, debilitando el alma, toda influencia intelectual será, ó débil, ó perturbadora: parece evidente que un espíritu limitado no puede ser experto guía ni firme sosten.

No es raro que los padres digan (y con razon) que las madres *echan á perder á los hijos*; lo que callan es que ellos echan á perder á las madres. Los que escriben sobre educacion suelen poner en relieve, y algunos en ridículo, lo mal que la mujer desempeña su papel de educadora; cómo con su ignorancia, con sus caprichos, con sus desigualdades, con sus contradicciones, con sus impaciencias y sus tolerancias excesivas, con su falta de perseverancia y carácter, resabia, extravía, á veces contribuye á desmoralizar á los hijos.

Este mal, más ó ménos graduado, es, con pocas excepciones, cierto; pero como todos, tiene sus causas, que deben investigarse, siendo pura declamacion y palpable injusticia, acusar á las mujeres de capitales defectos y hacer al mismo tiempo de modo que no puedan ménos de tenerlos.

La ignorancia de la mujer hasta aquí, y áun ahora por regla general, es invencible, de modo que ningun cargo puede hacérsele de ninguna de sus consecuencias. Pero de la ignorancia puede decirse, como del espíritu del Mal, que es *legion*, y sus efectos son tan numerosos y se ramifican de tal manera, que influyen en la vida toda, ya directa, ya indirectamente. En las mujeres pobres que trabajan mucho, la ignorancia embrutece, pero extravía ménos que en las clases bien acomodadas, porque halla diques en la ocupacion contínua y en la pobreza, que no deja tomar vuelo á la imaginacion desbordada, ni ofrece recursos á los caprichos dispendiosos. Pero la falta de instruccion en las señoras no sólo las priva de los conocimientos necesarios para dirigirse y dirigir á su familia, sino de recursos contra el tedio, y de medios propios para combatir todo género de puerilidades, elevar las ideas, purificar los gustos y fortalecer el carácter. Si se notan á veces los inconvenientes de la falta de instruccion en lo que directamente se relaciona con la familia, pocos observan sus resultados indirectos, mucho más importantes, ni se aperciben de que el daño hecho á la mujer ha de encontrarse en la hija, en la esposa y en la madre.

La instruccion dilata y eleva; la ignorancia reduce, rebaja la actividad que necesita empleo, y cuando no puede subir, desciende, porque es preciso que en alguna esfera se mueva. El marido se queja de que su mujer está llena de caprichos; de que no piensa más que en trapos y joyas; de que por la cosa más fútil se disgusta y se irrita; de que insiste con porfiado empeño en lo que carece de importancia ó de razon; de que con sus puerilidades vehementes for-

ma como una red, que le envuelve y produce malestar, disgustos, en ocasiones conflictos y ruina.
Pero ¿cómo no reflexiona que no pudiendo ocuparse
de cosas grandes ha de dar importancia á las pequeñas, y que reducida á un estrecho círculo, ha de
multiplicar en él sus movimientos, como el pájaro en
la jaula, y unir, á lo pueril ó absurdo del objeto de-
seado, la vehemencia del deseo? El espíritu del hombre se ejercita en cosas más grandes y en *mayor
número*; el de la mujer, que no es ménos activo,
tiene que limitarse á las de menor importancia, siendo cosa muy natural que forme porfiado empeño
en conseguir las más insignificantes. Este es el medio en que se la coloca, el impulso que se le da, y si
alguna con fortaleza resiste, muchas tienen que ceder á él y ser arrastradas por la corriente.

Semejante error es capital y trasciende á la existencia toda de la mujer: no sabemos, ni nadie sabe,
hasta qué punto son innatas y exclusivas de ella
ciertas inclinaciones pueriles y vanidosas; pero no
hay duda que debían combatirse, y que se favorecen
y fortifican. Para combatirlas, no puede haber otro
medio que levantar el espíritu á las cosas grandes,
ocuparse de cosas sérias, formar hábitos razonables,
sustituir la vanidad con la dignidad, ó si tanto no se
logra siempre, siquiera con el orgullo; evitar la monotonía, variando los trabajos y direcciones del espíritu de una manera armoniosa con sus múltiples
facultades.

Al régimen sedentario que, debilitando el sistema

muscular y sanguíneo, determina la preponderancia de nervioso, se une la falta de ejercicio intelectual, que deja á la imaginacion extraviarse, y concentrando la actividad toda del espíritu en los afectos, los convierte en poderes avasalladores, por falta de freno y de contrapeso. Se dirá que las mujeres no aparecen, con tanta frecuencia como los hombres, infringiendo la ley moral en materia grave; cierto que pagan menor tributo al crímen, al delito y al suicidio, pero dan al vicio un horrible contingente, y la desgracia se ceba en ellas de una manera cruel. Prescindiendo de todas las demas desventajas y limitándonos al mundo de los afectos, puede decirse que son más desdichadas que los hombres. ¿Quién duda que si tuvieran más recursos intelectuales y vida más activa; si fuesen ménos nerviosas é impresionables, llevarían al combate de la vida fuerzas que hoy les faltan, y sus cariños se convertirían ménos veces en pasiones, con las que tienen que vivir como con una fiera dentro de su jaula?

Cuando se considera que áun en las malas condiciones en que vive, la mujer peca y delinque tanto ménos que el hombre, duele que no se haga más por su moralidad y su dicha, desconociendo que su dolor ó su disgusto no puede ser un elemento de bienestar para la familia. ¿Por qué muchas, que de jóvenes eran de buen carácter, tienen despues mal genio, son irritables, cócoras, regañonas, diferencia que no suele notarse en los hombres, al ménos tan graduada? Se han *agriado*, palabra gráfica, que significa la acritud de muchos elementos de su existencia que constante y calladamente han influido eu ella por falta de otros que los hubieran neutralizado.

Uno de los mayores enemigos de la mujer, á veces de su virtud, es el *tedio*, consecuencia de la monotonía de su vida y falta de recursos intelectuales. Los daños del tedio (verdaderos estragos) son poco perceptibles, porque no hace explosion, sino que corroe ó deprava las aficiones, poniendo el alma en una situacion que recuerda la del cuerpo cuando apetece sustancias que no son alimenticias y dañan gravemente la salud. Muchas faltas, muchas imprudencias, para las que no se encuentra explicacion, la hallarían si con cuidado se analizasen los efectos del tedio, y se averiguara cuánto se ha aburrido la mujer á quien se censura. Aunque parecería insensato ante un juez, ó ante el tribunal de la opinion, alegar como circunstancia atenuante de una falta grave el *tedio*, cuando se gradúa mucho, si se estudiara bien, se le reconocería como fuerza perturbadora capaz de contribuir á grandes trastornos, ó lo que es lo mismo, que hay muchas personas que serían mejores si se hubieran aburrido ménos.

Como ciertas enfermedades, activando las funciones de un órgano anormalmente, las hacen más perceptibles, los grandes sufrimientos del espíritu manifiestan la manera de extraviarle áun en aquéllos casos que aparecen muy diferentes, pero que no difieren en la calidad, sino en la cantidad del peso que le abruma. ¿Qué es lo que enloquece ó impulsa al suicidio al recluso en una celda á quien se aisla y priva de trabajo? En parte la falta de sociedad, en mucha parte el tedio, como lo prueba el alivio que siente, y cuánto se normalizan las funciones de su espíritu cuando *se distrae* con el trabajo. Este caso extremo, si no puede aplicarse como comparacion, tiene su valor como análisis, y demuestra la esencial malignidad de un elemento, que cuando se gradúa perturba la razon y hace odiosa la vida.

Es posible, y aún probable, que todo esto parezca, ó absolutamente falso, ó tan exagerado, que aparte de la verdad, y no sólo á los hombres, sino á las mujeres que se habitúan desde niñas á todo género de limitaciones y de vetos, y viven en la monotonía y en el tedio, como los que, acostumbrados al aire impuro, le respiran sin repugnancia, pero no sin daño. No analizan ni distinguen las desventajas naturales inevitables, de las sociales que podían evitarse. Como hay dolencias propias del sexo, tambien fastidios propios de él, que se padecen sin protesta. Saben que la mujer ha de aburrirse infinitamente más que el hombre, ó no lo saben, y rodeadas de una atmósfera de ignorancia, de apocamiento depresivo, de fatalismo ó de resignacion que las sigue en todos sus movimientos, sufren, como giran con la tierra sus habitantes, sin apercibirse de que se mueven. Los que pretenden mejorar su condicion, suelen parecerles gente visionaria, cuyas ideas irrealizables no carecen de peligros, y que, á vueltas de su buen deseo (si le tienen), demuestran un orgullo ofensivo á las que intentan favorecer. ¿Sabrán mejor que ellas lo que las mortifica ó las conviene? Si no se sienten enfermas, ¿á qué hablarles de su falta de salud y de los medios de recobrarla? ¿No es pretension, á más de ridícula, exorbitante?

No todas las mujeres califican así el conocimiento de su situacion actual y el deseo de mejorarla. Las hay que han despertado del letargo de la costumbre y de la fatalidad, que sienten el dolor de las ligaduras, el frio de la inaccion, el peso del tiempo no racionalmente utilizado; que comparan su vida triste y estéril con la más fecunda y dichosa de hombres, que no valen más que ellas, y en fin, que se rebelan á voces ó en silencio contra dictaduras rutinarias y definiciones dogmático-brutales. ¿Cuántas son las que protestan ostensible ó calladamente? ¿Quién le sabe? Tal vez pocas, acaso más que se supone, porque la opinion torcida, como todos los tiranos, sofocando las quejas, ignora el número de los descontentos. Pero el número no da ni quita razon, y grande ó pequeño, el de las mujeres que la tienen no deja de estar en su derecho calificando de anómala, injusta y dañosa para todos su situacion actual.

Muchos hombres, á la manera de los déspotas, llaman órden al silencio, y se congratulan de la quietud que hay en su casa, calma aparente parecida unas veces á la que precede á las tempestades, y otras á la que se disfruta orilla de los pantanos, cuyas emanaciones son pestilentes. Ya se sabe que

ninguna fuerza se destruye, y las actividades com-
primidas se acumulan y dan lugar á explosiones,
como el vapor comprimido en una caldera sin vál-
vula. La inaccion intelectual, y áun material, de la
mujer, no puede ser la paz, porque no es la armonía, y el hombre, engañado por aparente sosiego,
siente escozores y picaduras de insectos invisibles,
ó dormido en un oásis despierta sobre un abismo.
En los grandes conflictos, en las pequeñas contra-
riedades y siempre, tiene (heredadas) muchas frases
que emplea, medio como sentencia, medio como
desahogo, y que todás vienen á significar que la
mujer es un enigma indescifrable. Y ha venido á
serlo en más de una ocasion, no entendiendo ella,
ni siendo posible que nadie entienda, aquel remoli-
no que debía ser una corriente, si las fuerzas naturales no estuviesen contrariadas por la opinion y
las leyes que habían de favorecerlas.

Un dia, contemplábamos las olas, que aprisiona-
das entre obstáculos artificiales, retrocediendo, variando de direccion, chocando con las que venían
detrás, formaban conos rugientes y espumosos, y
un hervidero de corrientes encontradas de donde no
hubiese podido salir la nave más velera. Involunta-
riamente comparamos aquel trecho de mar, cuya
agitacion no era natural, con el espíritu de muchas
mujeres, agitado en opuestas direcciones por la naturaleza y la sociedad, entre obstáculos que recha-
zan y fuerzas que empujan, y expuesto á peligros
que no dejan de ser grandes porque sean obra del

hombre. Este ve el efecto, y en vez de estudiar sus causas, le califica de enigma.

Se ha querido limitar la vida de la mujer, física, moral ó intelectual, de manera que no saliese del hogar doméstico, sin ver que no era obra de *concentracion* sino de *mutilacion* la que se hacía; que de la criatura debilitada no podía salir la mujer fuerte, ni de la persona rebajada y empequeñecida, la gran figura de la esposa intachable y de la madre modelo.

El egoismo que se encierra en el hogar doméstico, ó la ignorancia que no sabe cómo salir de él, pueden concentrar allí todos los afectos, pero no los bienes, ni impedir que entren males tanto más intensos, cuanto ménos se hizo para combatirlos.

El que prescinde de los deberes sociales, se parece al obrero que con otros lleva una viga pesada y aparta el hombro para que hagan el trabajo sus compañeros, los cuales con igual idea y realizándola al mismo tiempo, dejan caer el peso que los lastima á todos. Así, las cargas sociales que como el material puesto en obra pueden dar un resultado útil, si nadie las sostiene, se desploman sobre los que no han querido levantarlas.

Si la mujer de su casa fuera sola en querer que los suyos no se molesten, no se fatiguen, no hagan sacrificios por el bien público, y se aprovechen cuanto puedan de las ventajas que la sociedad les ofrece, su egoismo, si no sancionado por la justicia, podía ser aplaudido por el éxito. Pero no sucede así; no es sola: hay cientos y millones de mujeres que han hecho, hacen, y por desgracia harán como ella; que no se ocupan de deberes sociales, sino de ventajas, resultando que en aquella tierra que quieren segar despues de haber contribuido á que no se siembre, falta la cosecha.

Si es cómodo, no tener mucha delicadeza ni escrúpulos en los negocios, es molesto luchar con los que ni escrúpulos ni delicadeza tienen;

Si es descansado reposar holgadamente en casa, es fatigoso al salir de ella en vez de caminos allanados, no encontrar sino obstáculos renacientes;

Si es provechoso cerrar la mano al dón, es perjudicial el resultado de que todos la cierren.

Los niños que hoy no se socorren y dirigen, son los secuestradores y las prostitutas de mañana; la jóven que no se apartó del precipicio, hará caer en él á las personas queridas de quien podía haberla salvado.

Si un individuo, por excepcion, aparente más que real, utiliza en su provecho el egoismo, en la colectividad, todo el bien *que se deja de hacer* va convirtiéndose en *mal que se recibe*; la atmósfera social se forma de los hechos, de los sentimientos, de las ideas y cuando las ideas, los sentimientos y los hechos de todos contribuyen á viciarla, es en vano que nadie se lisonjee de poder respirar aire puro. La lucha del egoismo se entabla crónica, potente; se establecen las equivalencias del mal proceder, y la tolerancia con las culpas del hijo, la devuelve otra

madre absolviendo al suyo, burlador de la hija des-
dichada. La opinion que se contribuye á pervertir,
se encuentra pervertida cuando se quiere buscar en
ella apoyo contra la injusticia; y la jóven que acoge
al libertino y se envanece de lo que debía avergon-
zarla, contribuye al libertinaje de que al fin es víctima.

Así, pues, el régimen actual, debilitando á la mujer física, intelectual y moralmente, la hace más des-
graciada y ménos útil á la sociedad y á la familia,
y es con frecuencia una víctima que, en vez de redi-
mir, contribuye á inmolar á los que la sacrifican.

LA DEBILIDAD Y LA FORTALEZA DE LA MUJER

Reflexionando sobre el asunto detenidamente, no se hallan *razones* para que el sexo femenino haya sido calificado de débil, pero *motivos* se ven muchos: nos haremos cargo de los principales.

Siendo la mujer considerada principal y casi exclusivamente como hembra, no se la observaba ni se la juzgaba apénas más que en sus relaciones de sexo, y como el hombre llamó *debilidad* en ella á la misma falta que, cometida por él, fué tenida por *triunfo*, y como esta falta era frecuente, bastaba para acreditar de débiles á las que incurrían en ella;

No sabiendo ni sospechando siquiera la fuerza que *necesita* la mujer, viendo tan sólo la que le *faltaba*, y sin hacerse cargo de lo mucho que se hacía para mermarla, era natural calificar el *déficit* de debilidad;

En épocas de fuerza *bruta*, la muscular debía ser la primera, casi la única;

En tiempos de barbarie, la *delicadeza* era fácil de confundir con la *debilidad*;

En pueblos duros, la criatura más *sensible* debía parecer más *débil*;

Entre muchedumbres ignorantes no se conocían más fuerzas que las instantáneas y ostensibles, y así como pasaban desapercibidas las irresistibles acciones químicas, las fisiológicas y psicológicas no se notaban sino cuando, por decirlo así, aparecían de bulto.

Una mujer que no puede levantar un peso ó dar un golpe que da el hombre, que se impresiona más ante el mismo espectáculo; que siente mayor dolor al recibir el mismo daño; que llora ante la desdicha que el hombre contempla con ojos enjutos, era, y no podía ménos de ser, calificada de débil entre gente que sentía poco y pensaba ménos.

Hora es ya de analizar la debilidad y la fortaleza de la mujer, porque si necesitando más fuerza tiene ménos, habrá un desequilibrio que imposibilite la salud en el órden fisiológico, y la justicia en el social.

Si á primera vista se califica de extraña la proposicion de que la mujer necesita ser más fuerte, reflexionando creemos que se tendrá por exacta.

Demos principio á nuestras observaciones por la fuerza física, que, considerada sólo para el *empuje* y la *carga*, no puede apreciarse bien.

La mujer, á quien la naturaleza confió principalmente la conservacion de la especie, necesita, como madre, vivir mucho tiempo para dos; tener un pulmon que oxigene la sangre del hijo que aún no respira, y un estómago que provea á la formacion de un nuevo organismo. El que considere la cantidad de vida que necesita y gasta en semejante función, desempeñada al mismo tiempo que trabajos incesantes, á veces duros, y con privaciones y alimento por lo común escaso, ó poco nutritivo, no puede ménos de admirar la fuerza que emplea aquella criatura calificada de débil, por el que no podría resistir tan grande y contínuo esfuerzo, y cuyo dinamómetro es tan burdo, que acusa mayor poder en labrar la piedra que, con otras constituirá un edificio, que en dar vida y alimento á la criatura que ha de formar parte de la humanidad.

El organismo de la mujer, más delicado y complicado, la sujeta á mayor número de padecimientos, que por regla general, y como no se gradúen mucho, sufre sin quejarse ni interrumpir sus trabajos, ni alterar el órden de sus ocupaciones. El hombre, por lo común, no trabaja, ó trabaja muy mal cuando no disfruta salud completa.

Si para la carga y el empuje el hombre tiene más fuerza instantánea, no así cuando se trata de la contínua. En un hospital, la *Hermana* llama al *mozo* para que mueva un peso que no puede levantar: pero el mozo no podrá estar tanto tiempo sin dormir y sin sentarse como la Hermana; se *rendirá* ántes que ella. Y no se diga que la religiosa está sostenida por una idea que falta al sirviente asalariado, porque ademas de que sólo en las grandes y escepcionales ocasiones podría esta diferencia tener peso, en igualdad de todas las demas circunstancias, una enfermera resiste mejor que un enfermero la falta de sueño, y los esfuerzos no violentos, pero incesantes.

El labrador ha desplegado (aunque no siempre), durante el dia, mayor esfuerzo que su mujer en la faena agrícola; pero cuando al ponerse el sol se retiran, él se sienta, y ella tiene que preparar la cena y atender al cuidado de la casa y de la familia, cuyo esfuerzo, sumado con los anteriores, no darán un total menor que el del hombre, aunque su compañera no esté embarazada ó criando, en cuyo caso, como ya indicamos, aparece mucho mayor.

Si para el esfuerzo continuado la mujer aventaja al hombre, tambien cuando se trata de privaciones y sufrimientos materiales. Hace frente al frio mucho ménos abrigada, soporta privaciones de alimento á que el hombre no puede someterse sin perturbacion grave, y sufre los dolores mejor que él. ¿Qué significan estas frases tan conocidas de que los hombres *hacen muy malos enfermos*, que son *muy impertinentes*, que son muy *quejumbrones*, que se *amilanan*, etc., etc.? Quieren decir que tienen ménos fuerza para el físico dolor.

Si se consideran las condiciones fisiológicas de la mujer, que pueden calificarse de desventajas naturales; si se añaden las sociales, que la colocan tantas veces en peor situacion material que el hombre, y que, á pesar de todo, vive tanto ó más que él, se comprende que la calificacion de *débil* es efecto de la ignorancia, que no ha sabido hasta aquí apreciar más fuerzas que las ostensibles á primera vista, y tangibles para manos groseras. Hoy que se aprecian las fuerzas de manera más racional y exacta, habrá de reconocerse que la fuerza de la mujer, si no es *igual*, es *equivalente* á la del hombre, y en muchos casos, mayor.

Esto en lo físico. Respecto á lo espiritual, recordamos lo que escribía no há mucho Raseri (1)... «Como exactamente dice el profesor A. Verga, en Italia, contra lo que se observa en todos los demas países, el sexo *débil*, respecto á la cabeza y hasta nuevas investigaciones científicas, es el sexo *fuerte*. La mujer en Italia, así como delinque ménos, tambien padece muy pocas veces enajenacion mental.»

El hecho, léjos de ser exclusivo de Italia, y en oposicion con lo observado en otros países, es general, si no respecto á la locura (lo cual no nos atrevemos á afirmar) sí por lo tocante al suicidio y al delito. La comparacion entre los suicidas y delincuentes de ambos sexos, da siempre un número muchísimo menor de mujeres, y aunque la proporcion no sea en algunos pueblos tan honrosa para las mujeres como en Italia y España, en otros lo es mucho más. En los Estados-Unidos, donde la mujer tiene más medios de proveer á su subsistencias y más personalidad, rara vez infringe las leyes. En la penitenciaría de Maryland había no há mucho 574 hombres y 27 mujeres. ¡Qué elocuencia la de estos

---

(1) *Annali di Statistica.*

números, y cuán alto hablan en favor de la *verda-dera* fuerza de la mujer! Pero donde quiera que se la observe, se ve que paga menor tributo que el hombre á la desesperacion y á la culpa. Si ésta es debilidad, como no parece dudoso para cualquiera que la analice, se nota que no corresponde mucho á su fama el *scxo fuerte*.

En la fuerza psicológica como en la fisiológica de los sexos, hay diferencias más bien de *calidad* que de *cantidad*, y el que una mujer se desmaye en presencia de una catástrofe que un hombre mira impasible, no prueba que ella no *resistirá* á una tentacion á que él *sucumba*, y que en el gran combate de la vida no cuente más triunfos, como lo prueba su mayor moralidad. Podrá objetarse que su género de vida, y el menor número de relaciones sociales, la pone ménos veces en peligro de infringir las leyes y los preceptos de la moral, pero sobre que en todas las familias de labradores, y en muchas de industriales (es decir, la inmensa mayoría de los casos), la mujer sale como el hombre á trabajar fuera de casa, las condiciones en que trabaja y en que vive, las privaciones que sufre, las injusticias y las brutalidades de que es víctima, lo poco en que se la tiene y lo mucho que se la solicita, los cambios bruscos y los descensos rápidos, en que es objeto de idolatría ó de desprecio; estas y otras circunstancias producen el conjunto más propio para socavar la moralidad. Sólo el que no reflexione sobre el asunto, puede dudar que la mujer.

Ménos instruida literaria, artística ó industrial-
mente;

Ménos dignificada;

Ménos retribuida por su trabajo;

Ménos amparada por la ley;

Ménos sostenida por la opinion;

Ménos impulsada por las influencias exteriores
hacia las grandes cosas;

Ménos perdonada cuando falta;

Más solicitada para que falte,
se halla en peores condiciones que el hombre
para no infringir la ley moral. Estas condiciones
suelen ser tales, que el deber, léjos de presentarse
fácil, exige virtud, y si la virtud es fuerza, como no
duda el que de entrambas sabe algo, difícil sería
sostener que la mujer más virtuosa sea moralmente
más débil que el hombre. La fuerza moral de éste
(á nuestro parecer), como la física, es más imponente, más ostensible; da al carácter más consistencia,
más firmeza, más autoridad; y si esta energía no
suele estar á prueba de perseverancia, no deja por
eso de impresionar fuertemente, de producir gran
efecto (y útil si está bien dirigida), y de ser un elemento indispensable para la educacion de los hijos
y buen órden de la familia.

Decimos que ésta más poderosa energía del hombre, no suele estar á prueba de perseverancia, y
cualquiera puede comprobar la exactitud de la proposicion, observando que el hombre es siempre vencido por la mujer en toda lucha que exige una serie

de esfuerzos *incesantes*, que se renuevan á todas horas, que *persisten*. El explica la derrota á su manera; da al poder que la determina diferentes nombres, nunca el de *fuerza*, y no obstante, fuerza es; pésimamente empleada y dirigida á veces, lo concedemos; pero el empleo y la direccion no varían su esencia. Muchos hombres hay aún, que así como el quinto de artillería califica de fuerza la que lanza el proyectil, y no la que hace reventar el cañon lleno de agua que se hiela, ellos no comprenden energías físicas ni morales sino bajo la forma de grandes poderes musculares ó autoritarios, dando cachetes ú órdenes. No hay que hacerles por ello un cargo, porque hasta aquí se sabía muy poco de fuerzas, y áun ahora, más se estudian las físicas que las fisiológicas, y sobre todo que las psicológicas. Entre tanto que se conocen mejor todas, parecerá aventurada la proposicion, que no por eso es ménos cierta, de que no hay *sexo débil*, y en caso de que alguno mereciese ese nombre, sería el que hoy se llama *fuerte*.

Hemos dicho que la mujer necesita más fuerza que el hombre, y no estará de más insistir en cosa tan esencial.

Fisiológicamente, al hablar de la mucha que como madre gasta, queda probado la que necesita, porque léjos de ir más allá de la necesidad, suele quedarse más acá para desdicha suya y de la prole. No sabemos si el mayor (¿quién lo sabe?) pero es grande el número de mujeres cuyo trabajo es excesivo y la alimentacion insuficiente ó poco apropiada durante el embarazo, la lactancia y en ciertas épocas críticas propias del sexo.

En cuanto á la fuerza moral bajo la forma de perseverancia en todo bien, resignacion y paciencia, necesita más que el hombre, porque tiene desventajas naturales, de que resultan mayor suma de dolores que *soportar* y de tentaciones que *resistir*; y nótese la propiedad y significacion de las palabras subrayadas.

Ya se ha empezado á hacer algo, aunque poco, para mejorar la situacion de la mujer; creemos firmemente que se hará más, que se hará mucho, muchísimo; pero despues de todo lo que se haga, la parte que le corresponde en la propagacion de la especie y su mayor sensibilidad, le darán desventajas como trabajadora, y mayor pena cuando falta, y dolor más intenso cuando sufre. Trasladémonos á un porvenir harto lejano para España; veamos á la jóven fuerte de cuerpo y de alma, digna, grave, que no está *expuesta* á la seduccion; supongamos que ha desaparecido el tipo de la *coqueta*, ménos despreciable y tambien ménos disculpable que la prostituta; que ésta no existe; que los derechos son iguales para los dos sexos, en la esfera jurídica y económica como en la intelectual y artística. Pues bien; despues de todo este progreso y de toda esta justicia realizada, no habrá medio de evitar:

Que la mujer esté más dias inhabilitada para el trabajo;

Que el *embarazo*, con tanta propiedad nombrado en nuestra lengua, lo sea;

Que la lactancia no ponga trabas á la aptitud para trabajar;

Que la maternidad no lleve consigo dolores fisiológicos, y predisponga, y haga inevitables en muchos casos, gran número de enfermedades;

Que la madre no sienta más que el padre cuando el hijo enferma y cuando se muere, y cuando se extravía;

Que la mujer no ame con mayor vehemencia, y por consiguiente sufra y goce más.

Estas circunstancias, inevitables áun con los últimos progresos de la justicia, constituirán siempre una desventaja para la mujer en la esfera económica y como trabajadora; desventaja que llevará consigo más privaciones y sufrimientos, y mayor necesidad de fuerza para soportarlos. Amando más, gozará y sufrirá más, y en cualquiera de los casos necesitará fuerza proporcionada á su vehemencia.

Estas diferencias entre la mujer y el hombre están en la naturaleza de las cosas, son leyes fisiológicas y psicológicas, cuyos efectos agravados, hasta aquí injusta y cruelmente, pueden atenuarse, pero no suprimirse de manera que la mujer no necesite más fuerza para *la paciencia* y para *el amor*.

Tal es la ley á que no podrá sustraerse en el porvenir; en cuanto al presente, si fuera cierta la supuesta debilidad de la mujer, la especie hubiera degenerado más que lo está en ciertas clases, y áun creemos que con dificultad se conservaría: esto en cuanto á lo físico, que respecto á lo espiritual, la locura, el crímen, el suicidio, todas las formas del extravío y de la desesperacion, se presentarían en tanto número, que no sólo excediesen á los desórdenes del sexo fuerte, sino que dificultasen mucho ó hicieran imposible el órden en la esfera moral.

Hay otra especie de debilidad de la mujer, que afirman los más, que algunos niegan resueltamente, y que para otros es objeto de dudas: la debilidad intelectual.

Debemos declarar que hoy no abrigamos aquel íntimo convencimiento de la igualdad de inteligencia de los dos sexos, manifestado en *La Mujer del Porvenir*. Nuevos hechos observados, y reflexion más detenida, nos han inspirado dudas que sinceramente exponemos: la infalibilidad no es cosa que razonablemente nadie deba conceder á otro ni reclamar para sí.

¿Habrá alguna analogía entre las diferencias de la fuerza intelectual de los dos sexos, y las que se observan respecto á sus fuerzas fisiológicas y morales? ¿Será la mujer más espontánea y ménos reflexiva; adivinará más y observará ménos; su accion será más extensa y ménos intensa, más perseverante y ménos fogosa, con más facultades receptivas y ménos poder creador, y tendrá, en fin, una inteligencia que, todo bien apreciado, sea *equivalente*, pero no *igual* á la del hombre?

No nos atrevemos á contestar á estas preguntas,

confirmando aquella profunda sentencia de que las convicciones firmes están en los estremos, y en medio la duda. El que no sabe nada y el que sabe mucho, afirma; el que sabe un poco, duda: esto en ciertas cuestiones; pero en la que nos ocupa, ¿quiénes son los que mucho saben? ¿Dónde están los elementos de un juicio definitivo y acertado, dónde la experiencia, que no puede resultar de pocos é incompletos ensayos? Sólo el porvenir puede resolver esta cuestion, hoy no más que planteada; los que nos dimos demasiada prisa á caminar para resolverla en uno ú otro sentido, necesitamos volver atras, ó nos volverán, que, como dice con profundo sentido un proverbio italiano, *el tiempo no tiene cuenta de lo que se hace sin él.*

Y el tiempo, ¡cuántas cosas ha de enseñar y cuántas cosas habrán de aprender, quiéranlo ó no, los que creen saber bastante sobre el asunto, ó saberlo todo! A los que deseen estudiarle, les recomendamos la obra que se está publicando en los Estados-Unidos, *History of Woman Suffrage,* por Isabel Cady Stanton, Susana B. Anthony y Matilde Joslyn Gage; New-York, Jowler and Wello, 753; Broadway, París, G. Fischbacher, 33, rue de Seine: han aparecido dos tomos, y el tercero y último se publicará en todo el corriente año.

Es un inmenso arsenal donde pueden proveerse de armas los que combaten el error que rebaja á la mujer, y la injusticia que la oprime. Argumentos de grandes pensadores á su favor y testimonios de puras conciencias ya se habían escuchado; pero faltaban *hechos* con que responder á los que con hechos nos abruman, como si la iniquidad dejara de serlo porque se *realice*. Pues bien; en esta obra voluminosa, que bien puede llamarse grande, lo imponente, lo irrefutable son los hechos; y como el filósofo de la antigüedad probaba el movimiento andando, la mujer anglo-americana prueba su elevacion espiritual elevándose, y su fortaleza combatiendo. Compañera del plantador, avanza con él intrépidamente por la tierra vírgen de la impenetrable selva, y con él ó contra él, por el más impenetrable y lóbrego laberinto de errores, egoismos y vanidades. Protesta cuando su voz halla eco; protesta cuando parece extinguirse en el vacío; protesta cuando se le responde con dicterios; protesta cuando se la sofoca con carcajadas: protesta siempre. Y su protesta, enérgica y perseverante, circula por las entrañas del pueblo, desapercibida primero, escarnecida despues, y por fin irresistible. El libro á que nos referimos pudiera llamarse tambien *Anales del gran combate*. Al hojear sus páginas, parece que se oyen los quejidos de las víctimas, quejidos que van convirtiéndose en acusaciones. El combate empezó con la primera mujer que llamó en su conciencia tirano al hombre que la oprimía, y no terminará hasta que la fuerza, cualquiera fuerza, deje de ser medio de opresion; lucha que los siglos han visto renovarse, desigual, porfiada, interminable, sostenida por una parte con leyes, soldados,

sacerdotes y verdugos, por la otra con razones y lágrimas, y respondiendo á todos los pregones crueles ó ignominiosos con la eterna voz de la justicia.

En ese libro, que tiene tanto de monumento como
de alegato y de prueba, se consignan hechos, muchos hechos, que deben dar en qué pensar á los partidarios de la inferioridad espiritual de la mujer; vamos á referirles uno, no sólo por ser notabilísimo,
sino porque es un nuevo testimonio de la injusticia
de los hombres cuando se trata de reconocer y pre-
miar el mérito de las mujeres.

Eran aquellos dias de luto y desolacion en que
los *Estados* de la América del Norte habían dejado
de ser *Unidos* y se hacían encarnizada guerra; guerra santa para los que habían escrito en su bandera
abolicion de la esclavitud, guerra impía para los
que peleaban á favor de ella. Las mujeres hicieron
prodigios por la buena causa, y no sólo infundieron
ánimo, determinaron perplejidades, prodigaron recursos, cuidados y consuelos, sino que derramaron
su sangre, como si creyeran que sólo la suya, inocente de toda opresion, y pura, podía ser redentora.
Los campeones de la libertad tuvieron reveses y
conflictos, porque si su esfuerzo era grande, su pe-
ricia militar era poca. En un momento crítico, se
preparó una expedicion naval por el Mississipí, ha-
ciendo de este rio la principal línea de operaciones
contra los confederados. Una mujer, miss Anna Carroll, aquella que en Maryland, en momentos de ir-
resolucion, había contribuido á que el gobernador

se decidiera á favor de los esclavos; aquella que había dado libertad á los suyos, fué al teatro de la guerra para observar sus circunstancias y progresos, y vió lo que ningun general había visto: que era inevitable un desastre si se ponía en práctica el plan concertado. Para evitarlo, dirige al ministerio de la Guerra una Memoria con planos, en que se demuestra que la línea estratégica es el rio Tennessee. Consultado por el ministro el secretario Scot, persona las más competente en el asunto, declaró que era la primera solucion que había visto del difícil problema de cortar la comunicacion entre el Este y el Oeste del territorio enemigo, y en consecuencia no se llevó á cabo el proyecto de la expedicion naval del Mississipí, y se abandonó este rio como principal línea de operaciones, adoptando la del Tennessee. Este cambio de plan tuvo prontos y favorables resultados, que pudieron calificarse de decisivos, porque las victorias obtenidas rompieron la línea de fortificaciones de los Confederados, cuyas comunicaciones entre el Este y el Oeste interrumpidas, los quebrantaron de un modo irreparable. Miss Carroll continuó dirigiendo al ministerio de la Guerra planos y Memorias. Por no seguir el plan trazado por ella, se retrasó un año la toma de Vicksburg (llamado el Gibraltar de los Confederados), que al fin se ganó siguiendo sus indicaciones.

¿Quién era el inspirador de estas medidas, el estratégico consumado que trazaba tan sabios planes, la mano oculta que guiaba al combate y á la victo-

ria tantos miles de ciudadanos soldados? Nadie lo
sabía; nadie, si se exceptúa el presidente de la República, los Ministros y el Secretario de la Guerra,
que guardaron el más profundo secreto. Discutióse
en la Cámara sobre el misterioso estratégico; unos
supusieron que era el Presidente de la República,
otros el Secretario del ministerio de la Guerra, y
tanto los representantes del país entónces, como
despues varios historiadores, nombraban como au-
tores del plan coronado por la victoria, á los generales Grant, Allek, Foot, Smith. Fremont, etc.

Se comprende, y no merece censura, que miéntras duró la guerra, se ocultara el autor de los planes que tanto contribuyeron á su feliz éxito; no se
hubieran secundado con fe y valor sabiendo su orí-
gen, y generales y tropa se habrían creido rebajados
y sacrificados siguiendo las inspiraciones de una
mujer. Lo que no se comprende ni puede disculparse, es que al dia siguiente de terminada la lucha, léjos de celebrar la victoria enalteciendo el nombre de
la que había tenido tanta parte en ella, se callara; lo
que no se comprende ni se disculpa es que la valio-
sa cooperacion, reservada por prudencia, continuara
ocultándose por injusticia; lo que no se comprende
ni se disculpa es que presidente, ministros y generales permitieran que la opinion les atribuyera un
mérito que no tenían, que admitiesen recompensas
miéntras ninguna se daba á quien tantas había me-
recido, y guardasen un secreto que revelaba el de su
indignidad; lo que no se comprende ni se disculpa

es que, habiendo acudido miss Carroll ante el Congreso de los representantes del país para que se la declarase autora del plan de campaña del rio Tennessee, despues *de haber informado las comisiones militares nombradas al efecto que así era verdad,* ningun premio se le concediera. La deuda era grande; estaba reconocida; habría parecido sagrada siendo el acreedor un hombre, pero respecto á una mujer, bien podía la nacion, sin mengua de su decoro, declararse insolvente respecto á las cargas de agradecimiento y de justicia. No sería de extrañar tal proceder en un país miserable y esclavizado, pero asombra y aflige semejante ingratitud de parte de un pueblo libre y grande.

Las autoras de la *Historia de los derechos de la mujer* consignan con amargura que al mismo tiempo que el telégrafo de los Estados-Unidos funcionaba sin cesar, y la prensa publicaba de contínuo noticias y detalles respecto á la salud del presidente Garfield, que, áun cuando muy digno de compasion como herido, no pasaba de ser un hombre vulgarísimo, miss Ana Carroll padecía grave enfermedad, sin que el público se interesase nada por la salud de la que había hecho tanto por la del pueblo. Si ha muerto (que lo ignoramos), puedan las lágrimas de alguna mujer piadosa hacer leve la tierra que fué para ella tan ingrata.

Hemos consignado el hecho por parecernos que, semejante á las columnas miliarias que indican el camino andado y el que falta para llegar, merecimiento tan grande y tan desconocido en la nacion donde hay ménos diferencias sociales injustas entre los dos sexos, prueba hasta dónde llegan *ya* las mujeres, y dónde están los hombres *todavía.*

Otro *hecho* vamos á citar, que contribuirá á dar idea de lo mucho que ha de ir enseñando el tiempo, y esta leccion empezaremos por tomarla nosotros. En LA MUJER DEL PORVENIR opinábamos que no convenía dar á las mujeres derechos políticos. No siendo partidarios del sufragio universal, miéntras sea general la ignorancia y la falta de dignidad; habiendo comprendido y visto que, conceder voto á *todos* hoy en España, es dar cientos y miles de votos á unos pocos, que no suelen ser los mejores, natural era que no opinásemos que las mujeres votasen, lo cual equivaldría, por regla general, á que el marido tuviese dos votos, y si era padre, tantos como hijas mayores de edad, etc. Pero todo esto es transitorio; puede llegar, y llegará, un dia en que el sufragio universal sea una verdad y una ventaja grande, como resulta siempre de la justicia, y ni áun ese dia queríamos derechos políticos para la mujer. ¿Por qué? Porque sobreponíamos la cuestion *moral* á todas las otras; porque la esfera política es, y tememos que sea siempre, la ménos pura de todas, y deseábamos que la mujer se mantuviera á conveniente distancia, para que no se manchase. Cuando hombres tan eminentes y tan verdaderamente grandes como Channyng, pedían en los Estados-Unidos de América derechos políticos para la mujer, dando, entre otras razones, y algunos como la primera razon, que era el único medio de *moralizar la política*, nos asaltaba la duda de si las mujeres podrían purificar la atmósfera, ó se contaminarían en ella.

Expuesta nuestra duda, consignemos el hecho á que aludimos más arriba.

La comision del Senado de los Estados-Unidos de América, nombrada para informar si debía reformarse la Constitucion Federal concediendo derechos políticos á las mujeres, en el dictámen emitido el 5 de Junio de 1882, ha dicho, entre otras cosas, lo siguiente:

«En los territorios de Nyomin y Utah, donde los derechos de ambos sexos eran idénticos, había dado los mejores resultados el sufragio concedido á las mujeres que, al ejercer los derechos políticos, mostraron más *moralidad y perspicacia que los hombres.*

«En doce Estados de la Union tienen las mujeres voto en diferentes asuntos que resuelve el municipio, enseñanza, beneficencia, etc., y donde quiera han votado las mujeres con acierto.» El gobernador del Estado de Nueva-York decía en 5 de Mayo de 1882 en su Mensaje á la legislatura: ›La ley reciente, por la cual son elegibles las mujeres para las juntas de escuelas, ha dado admirables resultados, no sólo por el número de nuevos vocales, sino, y principalmente, porque ha elevado el nivel moral é intelectual de los hombres propuestos como candidatos, estimulándolos á ejercer con más celo sus cargos.

De estos experimentos .se deduce cuán ventajoso sería ampliar el derecho de sufragio de las mujeres á otros asuntos.»

. . . .

. . . .

«Ha venido á ser costumbre general invitar señoras á las reuniones políticas para que oigan las discusiones, y su presencia ha contribuido mucho á que haya en los debates más sinceridad y elevacion, y mejores formas. ¿Por qué su concurso no ha de producir los mismos efectos en las urnas? Siempre que la ley ha dado voto á las mujeres, tanto en Inglaterra como entre nosotros, se observa el mismo beneficioso resultado...

»En vista de estas y otras razones, la comision propone *que se reforme la Constitucion Federal, concediendo igualdad de derechos á todos los ciudadanos de los Estados-Unidos, sin distincion de sexos.*»

Para los que no son aficionados á razones y quieren *hechos*, ahí están; y para todos los que con buen entendimiento y buena fe se ocupan del asunto, ha llegado el caso, si no de resolver sobre todas las cuestiones que comprende, de reflexionar, porque cada dia se ofrecen nuevos datos á la reflexion. Si hay puntos oscuros, respecto á los cuales sería imprudente decir *juzguemos*, respecto á ninguno faltan elementos de estudio, y sobre todos puede decirse *meditemos*.

Para que nuestras meditaciones sean más fecundas y nos conduzcan más pronto á la verdad, sería bien, al estudiar las fuerzas intelectuales de la mujer, no incurrir en el error que ha hecho apreciar mal las fisiológicas y morales, calificando de *inferiores* las que se manifestaban de un modo *diferente*, y de *débiles* las que eran ménos *instantaneas y ostensibles.*

Si con sinceridad hemos manifestado nuestras dudas, con energía afirmaremos dos convicciones:

1.ª Que, llegue hasta donde llegue la inteligencia de la mujer, debe procurarse que vaya hasta donde pueda llegar; porque si el hombre se perfecciona cultivándola, ella no puede ménos de estar sujeta á la misma ley.

2.ª Que las dudas respecto á la igualdad de la inteligencia de la mujer no se refieren á su aptitud para los conocimientos comunes y su aplicacion. No creemos que la teoría y la práctica de ninguna profesion exija mayor capacidad que la suya: un abogado, un médico, un farmacéutico, un comerciante, un industrial, un empleado, un escribano, como lo son la inmensa mayoría, pueden hacerse de cualquiera mujer. Nuestras dudas no se refieren á la inteligencia vulgar ni comun, ni al talento, cuando no es muy superior, sino á éste y al genio; y como estos casos son excepcionales, mucho más excepcionales de lo que generalmente se cree, no hay que tenerlos en cuenta para la práctica y para la regla de la vida social. ¿Podrán llegar las mujeres adonde alcanzan los grandes hombres? ¿Llegará alguna, muchas, tantas ó en menor número que ellos? El tiempo lo dirá; pero lo que puede afirmarse desde ahora para siempre es lo injusto, absurdo y ridículo de que la inmensa multitud de hombres medianos tengan pretensiones de superioridad, porque haya (rara excepcion) algun hombre superior. El respeto que merece de ningun modo puede reclamarlo el sexo; la luz que derrama es para todos, y su poderosa palanca no ha de ponerse en manos brutas para que la convierta en palo de ciego. ¿Estaría bien que, porque ha habido jurisconsultos y grandes químicos, cualquier picapleitos ó revendedor de drogas se creyera superior á su mujer, aunque, como sucede muchas veces, sea ménos capaz que ella?

Si no hemos escrito inútilmente lo que antecede, el lector tendrá, como nosotros, por un error la supuesta debilidad de la mujer. Pero de que sea más fuerte de lo que se supone, ¿concluiremos que tiene todo la fuerza que podía tener, y era necesario que tuviese, para el bien de la sociedad, el de la familia y el suyo propio? Muy léjos estamos de semejante errónea conclusion.

Hay una circunstancia que, por dura que sea, parece ley; y es que la mujer, á medida que necesita más fuerza, la sociedad hace más para impedirle que se fortalezca. En efecto; cuando su condicion era peor que hoy; cuando las máquinas no hacían mucho trabajo bruto, y no rebajaban en nada la ventaja de la mayor fuerza muscular; cuando el espíritu de la mujer se despreciaba hasta el punto de poner en duda si se le tenía; cuando se la esclavizaba de todos modos, encadenándola de la manera más odiosa y cruel; entónces, que necesitaba tanta fuerza para no sucumbir material y moralmente, mermaban su resistencia por la ley que indicábamos arriba y que no es, despues de todo, más que la muy conocida de que *todo el que oprime, debilita.*

Sin duda la condicion de la mujer ha mejorado; es consoladora, comparándola con lo que ha sido, pero irritante comparándola con lo que debía ser. Víctima de grandes injusticias y de grandes errores, sufre todavía los efectos de las causas que, calificándola de bébil, la debilitan inhabilitándola para la plenitud de su vida física, moral é intelectual. Se notan y censuran sus condescendencias no razonables, sus contradicciones, la energía que le *falta,* sin notar la que *necesita* y la que se le *quita.*

El hijo suele amar á la madre, pero no es lo comun que la respete, aunque él ó ella, ó entrambos, supongan otra cosa, ó no supongan nada. Hay muchas formas de respeto, que á veces no existe en el fondo, porque la inferioridad intelectual, social y económica, que contribuye á la de carácter, es sentida y más ó ménos manifestada primero por el marido y despues por los hijos. El amor puede cubrirla, pero no la destruye, y á pesar de él, aparece como sabor amargo de píldora cuyo dorado falta á trechos. ¡Cuántas veces es la mujer objeto de procederes que, aún benévolos, aún afectuosos, más que á persona formal, parecen dirigidos á una niña gran-

8

del De aquí la frecuencia con que le falta autoridad para mantener un órden que reclama el mismo que le dificulta. No basta que el hombre, como suele decirse, *no se meta en las cosas de casa*, para que en ella tenga prestigio la madre; porque sobre que las cosas de casa tienen relacion íntima, el respeto no es como esos animales que viven aunque se los divida en pequeñísimas partes, sino que necesita muchos y varios elementos para existir, y la desautorizacion en un asunto se refleja en otro y otros, que se imaginan independientes de él.

La desigualdad de carácter (una forma de la debilidad), aún más daño que al marido hace á los hijos, pues, léjos de neutralizarla, la suman con la suya. En la voluble irreflexion de la infancia son indispensables ciertos puntos cardinales bien fijos; la fijeza les da carácter de ley, sello de verdad, porque cuando no se sostiene, ó se varía el mandato, los niños, y áun los hombres, miden por la facilidad el derecho de infringirle, suponiendo que no importará mucho lo que se defiende tan poco. Todo esto parece claro; pero no lo es ménos que se pide á la esposa y á la madre firmeza necesaria al buen órden, y al mismo tiempo se la priva de todos los medios de fortalecerse, y se merma su autoridad y su prestigio.

Decíamos que se nota en la mujer la fuerza que le falta, pero no la que necesita, y de esto último no tienen idea la mayor parte de los hombres. Saben que *pelea con los chicos y con los criados*; á

veces dicen: *no sé cómo tienen paciencia*; pero ignoran ú olvidan que la paciencia es fuerza, y cuán-
ta gasta la que acusan de débil. Porque en ocasiones es *insuficiente*, concluyen que es *pequeña*; modo
de discurrir como el que calificase de endeble al
cargador que no pudiera levantar quinientos kilo-
gramos.

Pero ¿dónde está ese peso que exageradamente
calificamos de excesivo, arrojado sobre los débiles
hombros de la mujer? ¿Dónde? En su casa; en cualquiera casa podremos hallarle; para ojos inexpertos,
invisible, pero abrumador, más que por la intensidad, por la continuidad de su accion. La continuidad: esta es la circunstancia que le agrava, hacién-
dole tantas veces superior á una fuerza, que, mer-
mada por las causas indicadas y otras, ha de ejerci-
tarse sin descanso. El espíritu de la mujer (recorde-
mos que no se trata de vigor muscular), el espíritu
de la mujer cuando lucha incesantemente en su
casa, por falta de descanso. se *rinde*, y ésta es la
explicacion de muchas inconsecuencias y debili-
dades.

En los asilos benéficos y en las prisiones, una de
las causas de que el servicio sea malo, es la falta de
descanso de asistentes y guardianes. No basta que
se les den horas para el sueño y la comida; no basta el reposo y sustento *fisiológico*; se necesita el
psicológico; que el enfermero deje de ver enfermos
y el guardian penados; que su ánimo se recupere
en la compañía de personas sanas de cuerpo y de

alma, y con el espectáculo de las cosas buenas, bellas y verdaderas, de la felicidad que da alegría, y de la virtud que da ejemplo. Miéntras no haya suficiente personal para que con los relevos se restablezcan las fuerzas psicológicas, hágase lo que se haga, no habrá nunca buen servicio.

¿Y qué tiene que ver, se dirá, un hospital y una prision con una casa honrada, en que no hay enfermos, y una señora con enfermeros y guardianes? Tiene que ver mucho; porque para que ella cumpla su mision como ellos su servicio, ha menester tambien reposo, recreo de ánimo que no tiene; y si hemos ido á buscar puntos de comparacion que tal vez se califiquen de extraños, es porque existen más analogías de las que se ven á primera vista, y las hay para los efectos de *rendir*, entre todos los trabajos asíduos que no se interrumpen con el descanso conveniente. Que los hombres hagan críticas, acusaciones, cálculos ó epigramas; todo será inútil para el buen órden moral y áun material de la casa, miéntras las mujeres no se hallen en condiciones psicológicas para establecerle, y tengan el espíritu en un grado de malestar, cansancio ó hastío, de debilidad, cuyos síntomas se califican de faltas cuando no son más que naturales consecuencias. Y no se diga que una ú otra se sustrae á ellas, porque los méritos excepcionales no han de servir de norma para las reglas; ni se alegue que no se aperciben de estos males las que suponemos víctimas de ellos; porque el no reconocer su estado no es prueba de que carezca de gravedad, y enfermos próximos á morir, hacen proyectos de viaje.

No es cierto que la mujer sea débil, pero sí que está debilitada por el exceso de trabajo ó la ociosidad; por el tedio, por la inaccion de sus facultades más elevadas; por la mala higiene; por la falta de recursos; por el poco aprecio en que se la tiene, y por la escasa instruccion que se le da.

En los Estados-Unidos de América, donde el régimen material, moral ó intelectual de la mujer se aproxima más á la razon y á la justicia, su moralidad aumenta con su fortaleza. No sólo la criminalidad de éstas podría quedar reducida á muy poco, sino que disminuiría la de los hombres, que con tanta frecuencia *se pierden, por una mujer*, por lo comun *mala*, es decir *débil*.

La conclusion de este asunto es, y no puede ser otra, que pedir para la mujer un régimen *tónico*, en vez del *enervante* á que ahora está sujeta.

Que engendre y crie hijos robustos;

Que los eduque bien;

Que sostenga á padres débiles;

Que sea la compañera y auxiliar del esposo, y hasta cierto punto pueda suplirle, cuando la muerte le arrebata ó la enfermedad le inhabilita:

Que resista á los hombres malos:

Que sea cooperadora de los buenos en el bien público, y la iniciadora de aquellas obras benéficas respecto á las que tiene mayor aptitud.

Para todo esto, que esté armada contra la vanidad, contra el vicio, contra todo género de culpables concupiscencias, único modo de que pueda triunfar del mal que rara vez deja de caer sobre ella cuando le hace.

¡Ay infeliz de la que nace hermosa!

exclama el poeta. El pensador dice:

¡Ay infeliz de la que vive débil!

Trasformar á la *mujer de su casa, en mujer fuerte*, tal es el problema.

La trasformacion es en unos pueblos rápida, en otros lenta, pero donde quiera indefectible. Todos los que contribuyan á ella merecerán bien de la sociedad, de la familia y de la mujer, que será mejor y más dichosa cuando alcance la plenitud de su existencia racional, hoy comprimida y abigarrada.

Ese dia no le veremos los ancianos, ni le verán los que nacen hoy; pero podrán vislumbrar su aurora si el sexo débil aprende que su debilidad es en parte mentira y en parte injusticia; y el sexo fuerte que no le ha dado Dios la fuerza, para que desfigure y mutile sus obras. En España son todavía pocos, muy pocos, los que comprenden que todo atentado secular de opresion necesita una obra de redencion; pocos los que aceptan el *deber* en la *medida* del *poder*; pocos los que aspiran á la superioridad, elevándose y no rebajando á los demas; pocos los que están dispuestos á sustituir la pueril vanidad por el noble orgullo, el egoismo por la abnegacion, y la tiranía por la justicia.

Aquella voz que preguntaba á Cain: *¿Qué has hecho de tu hermano?* podría resonar en la conciencia del hombre diciéndole: *¿Qué has hecho de la fuerza de la mujer?* No parece fácil que respondiese á la celeste voz; pero es aún más dificultoso que la oiga.

FIN

OBRAS DE ESTA CASA EDITORIAL

CALDERON DE LA BARCA, su vida y su teatro, por D. Pedro Alcántara García. Un tomo en 8.º de 127 págs., una peseta.

RESÚMEN DE UN DEBATE SOBRE EL PROBLEMA SOCIAL, por don D. Gumersindo de Azcárate. Un t. de 272 págs., 2'50 y 3 pts.

TEORÍA Y PRÁCTICA DE LA EDUCACION Y LA ENSEÑANZA. Curso completo y enciclopédico de Pedagogía, por D. Pedro de Alcántara García.

Tomo	I. De XXI-232 págs...... pesetas.....		2'50
»	II. De 608 págs	»	5
»	III. De 525 págs	»	5
»	IV. De 418 págs...........	»	4

PROLEGÓMENOS Á LA ANTROPOLOGÍA PEDAGÓGICA, por don P. de Alcántara García. Un tomo de 100 págs., una peseta.

EDUCACION INTUITIVA Y LECCIONES DE COSAS, por D. P. de Alcántara García. Un tomo de 260 págs, 4 pesetas.

CONFERENCIA SOBRE EL AHORRO, por el Profesor F. Laurent. Version castellana, por F. Gillman. Un tomo de 138 páginas, una peseta.

DIÁLOGOS SOBRE EL AHORRO ESCOLAR, por F. Gillman, segunda edicion. Un folleto de 43 págs. 50 cénts. de peseta.

ESTUDIO HISTÓRICO DE LAS LUCHAS POLÍTICAS EN LA ESPAÑA DEL SIGLO XIX, por D. A. Fernandez de los Rios, primer tomo, en 4.º mayor á dos columnas, ilustrado, 409 págs. 6 pts.

LOS PEQUEÑOS POEMAS, por D. R. de Campoamor, edicion de lujo, completa: un t. en 8.º mayor de 406 págs., 6 pts.

FAUSTO DE GOETHE. Traduccion del aleman de Guillermo English, revisada y adicionada con un prólogo de D. Juan Valera.

Esta obra, de magníficas condiciones materiales, impresa á dos tintas en papel de lo más superior en tipos fundidos en el extranjero exclusivamente para esta publicacion y más de 70 grabados de gran mérito y elegantes viñetas, cuyos dibujos son debidos al célebre Kreling, constituyen uno de los libros de más mérito y á propósito para salon, de de los publicados en España.

La obra consta de 60 entregas con 12 magníficas láminas woodburytipias, sirviéndose por cuadernos de 6 entregas y una *lámina* al precio de 8 ptas., ó lujosamente encuadernada, cuyas tapas llevan tres estampaciones en *oro*, *negro* y *relieve* de asuntos alegóricos á la misma sobre tela y tafilete: su precio, 100 pesetas.

GOETHE.—ENSAYOS CRÍTICOS, por D. Urbano Gonzalez Serrano. Un tomo de 240 págs. 4 ptas.

OBRAS DE D. NICOLAS SALMERON Y ALONSO

Tomo I. DISCURSOS PARLAMENTARIOS, 380 págs. 4 ptas.

OBRAS

DE

DOÑA CONCEPCION ARENAL

LA BENEFICENCIA, LA FILANTROPÍA Y LA CARIDAD.—Memoria premiada por la Academia de Ciencias Morales y Políticas. (Agotada.)

MANUAL DEL VISITADOR DEL POBRE, 0'75 pesetas.

LA MUJER DEL PORVENIR. (Agotada.)

CARTAS Á LOS DELINCUENTES, 2'50 pesetas.

ESTUDIOS PENITENCIARIOS, 4 pesetas.

LAS COLONIAS PENALES DE LA AUSTRALIA Y LA PENA DE LA DEPORTACION.—Memoria premiada por la Academia de Ciencias Morales y Políticas, 2'50 pesetas.

ENSAYO SOBRE EL DERECHO DE GENTES. Un tomo de la Biblioteca Jurídica, 6 pesetas.

LA INSTRUCCION DEL PUEBLO.—Memoria premiada por la Academia de Ciencias Morales y Políticas, 2'50 pesetas.

LA CUESTION SOCIAL

CARTAS Á UN OBRERO. Un tomo, 3 pesetas.

CARTAS Á UN SEÑOR. Un tomo, 3 pesetas.

CUADROS DE LA GUERRA. Un tomo, 2 pesetas.

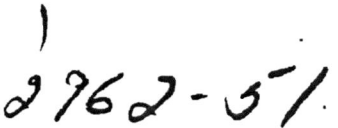

LaVergne, TN USA
12 October 2010
200446LV00003B/118/P